阿部吉雄

大規模修繕工事を安く成功させる3つの法則

修繕積立金を値上げしないノウハウと知恵

講談社エディトリアル

はじめに

「修繕積立金を引き上げざるを得ない」、そんなマンションが増えています。

修繕積立金とは、約12年ごとに計画されているマンションなどの大規模修繕工事を、予算的な憂いなく実施するために、毎月徴収され、積み立てられている金銭ですが、これを引き上げざるを得ない建物が急増しているのです。

なぜでしょう？

元々の修繕積立金が安すぎることも理由の一つかもしれません。実際、2010年以降に新築されたマンションの多くは修繕積立金が低く設定されているようです。

しかし、修繕積立金が安すぎることだけが「引き上げ」の理由であれば、「適正価格」に戻せば良いだけの話であり、これほど大きな問題にはならないでしょう。

「修繕積立金を引き上げざるを得ない」ことの最も大きな原因は、<u>「大規模修繕工事の工事価格が高騰している」</u>ところにあるのです。

おおよそ12年ごとに実施する大規模修繕工事の工事価格は、12年前と比べると約２倍に膨れ上がっています。

具体的な数字で示しますと、一昔前は1戸あたり100万円が相場でしたが、今では平均すると1戸あたり150万円、建物の

形状や工事内容によっては1戸あたり200万円を超えることも珍しくありません。

 50世帯が住むマンションを例にしますと、一昔前の相場は5000万円（50戸×100万円）前後でしたが、今では7500万円（50戸×150万円）が標準で、1億円（50戸×200万円）を超えるケースもあるようです。

 異常事態と呼べるほどの価格高騰といえるでしょう。

 確かに、建設資材は高騰していますし、日本全体の物価は上がっていますから、値上がりは止むを得ない側面もございます。

 しかし、毎月の修繕積立金の値上げは、物価上昇の影響を受けている家計をさらに直撃するだけでなく、建物の資産価値を下げる要因の一つに数えられることもあります。投資マンションの場合、実質利回りは大きく下がることになるでしょう。

 修繕積立金の値上げは、マンションの所有者にとって何のメリットもないのです。

 そのようなデメリットしかない「修繕積立金の値上げ」に対して、マンションの所有者は、黙って耐えて甘受する以外に選択肢はないのでしょうか？

 この疑問にお答えすることが本書のテーマです。

 私が大規模修繕工事の業界に関わるようになったのは1997年。それから30年近くの間、「1戸あたり100万円」の大規模修

繕工事を目標とするお手伝いをしてきました。

　2018年に出版した『大規模修繕工事を必ず成功させる本』（幻冬舎）は、おかげさまで、業界で最も多く読まれる本の一つに数えられるようになり、たくさんの管理組合様とともに、修繕に関する様々な問題を解決してきました。

　現在は引退して、ポツンと一軒家の茅葺(かやぶ)きの下で、自給自足の生活を目指していますが、今でも管理組合様からのご相談や、品質管理のセカンドオピニオン、現場監督の育成などを通して、大規模修繕工事に関する様々な問題に向き合っています。

　本書では、これらの経験を活かし、「大規模修繕工事の価格を抑える方法」、ひいては「修繕積立金の値上げを最小限にする方法」について詳述したいと思います。

　また、引退したからこそ発言できる、業界のタブーにも切り込んでみたいと思います。

　本書がマンションを所有するすべてのみなさまにとって有意義なものとなれば幸いです。

　　　　　　　　　　　　　　　　　2024年秋　阿部吉雄

Contents

はじめに………1

第1章

大規模修繕工事の工事価格が高騰している3つの理由

1 材料代の高騰……10

2 人件費の高騰……11

 2-❶ 新入社員……11
 2-❷ 外国人技能実習生……13
 2-❸ 労働環境の変化……17
 2-❹ 企業の内部留保……18

3 法改正……19

目次

大規模修繕工事を成功させるまでの3つのステージ

1 準備……26

- 1-❶ 建物の劣化調査（建物診断）……26
- 1-❷ 責任施工方式・設計監理方式・住民参加方式……33
- 1-❸ 設計……47

2 工事会社の選定……54

- 2-❶ 相見積もりの候補の見つけ方……54
- 2-❷ 相見積もりの会社の決定……60
- 2-❸ 工事会社による現地確認……63
- 2-❹ 見積書の開封……66
- 2-❺ ヒアリング……68
- 2-❻ 工事会社の決定……71

3 工事の実施……75

- 3-❶ 施工・引渡し……75
- 3-❷ アフター保証……75

Contents

第3章

大規模修繕工事の工事価格を削減する3つの法則

1 住民参加方式を採用する……80

- 1-❶ コンサルタントの責任……81
- 1-❷ コンサルタントの技術力……83
- 1-❸ コンサルタントのコミュニケーション能力……85
- 1-❹ まとめ……87

2 ポジションの異なる会社に相見積もりを依頼する……89

- 2-❶ ピラミッド構造……90
- 2-❷ 元請け会社のポジショニング別 会社規模と工事金額の関係……100
- 2-❸ 元請け会社のポジショニング別 会社規模と技術力の関係……104
- 2-❹ まとめ……110

3 代替案(VE案)を積極的に採用する……114

- 3-❶ 工事後に資産価値として残らない工事は削除または削減する……116
- 3-❷ 仕様をリーズナブルなものに変更する……135

目次

第4章

高い技術力の工事会社を見抜く3つの法則

1 雨漏りを止める技術……143

- 1-❶ 「雨漏りを止める技術」の重要性……143
- 1-❷ 「雨漏り」対策に建設業界が消極的な理由……144
- 1-❸ 「雨漏り」の原因究明が難しい理由……145
  - **Technical File 1** 雨漏りの原因を特定する技術……146
- 1-❹ 雨漏りを「修繕」する技術……150
- 1-❺ 「雨漏り」と大規模修繕工事……152

2 下地補修工事の実数精算を不要とする技術……155

- 2-❶ 実数精算方式とは……155
- 2-❷ 実数精算方式の問題点……156
  - **Technical File 2** 実数精算方式に代わる技術……164

3 優秀な現場監督……172

- 3-❶ 実現力——知識・経験を実現する能力……174
  - **Technical File 3** タイルの調達方法……175
- 3-❷ 環境創造力——現場の空気を創る能力……184
- 3-❸ 対応力——イレギュラーに対応する能力……192

Contents

第5章
大規模修繕工事の成功を邪魔する3人のラスボス

1 お代官様と越後屋さん……201

2 ブランド志向の信者さん……203

3 二番目の悪者……206

おわりに　　安さは正義か？……208

第 1 章

大規模修繕工事の工事価格が高騰している3つの理由

第1章

　大規模修繕工事の価格高騰をもたらしている要因として、「材料代の高騰」と「人件費の高騰」が挙げられますが、それ以外にも、建設業界特有の要因があります。

1　材料代の高騰

「あの頃は悪夢やった。材料屋から電話がかかってくる度にビクビクしてたよ」
「気が付いたら、3ヶ月に1回くらいのペースで、材料代が上がりますって電話があったよなぁ」
　そんな職人たちの悲鳴が鳴り響いたのが2022年。その後、値上げの頻度は少なくなったものの、いまだに建築資材の値上がりは止まっていません。
　東京オリンピックの開催が決まったあたりから上昇を始めた建築資材の価格高騰はいまだに落ち着く気配がないのです。ロシアによるウクライナ侵攻が建築資材の高騰に拍車を掛けているように感じます。円が弱いこともマイナス要因といえるでしょう。
　大規模修繕工事における建築資材は、ほとんどが石油化学製品ですから、原材料の石油価格が上がれば、建築資材の価格が値上がりすることは当然なのかもしれません。ガソリンのレギュラー価格が1リットルあたり120円前後だった一昔前と、170円前後の現在では、建築資材の価格が違うことは当たり前なのです。
　結論として、大規模修繕工事に関係する建築資材の価格は、この10年で30％近く上昇しました。そして原油価格は今も上昇を続けており、インフレ機運が高まっている世論の後押しもあって、建築資材の価格が下振れするような空気はどこにも見

つかりません。今後、材料の輸送コストが上昇することはほぼ確実視されており、これによって価格は更に上昇するでしょう。

材料代の高騰が、工事価格を上昇させている要因の一つといえるのです。

2 人件費の高騰

昔から働いているスタッフの給料がほとんど変わっていないにもかかわらず、「人件費」は確実に上がっています。一見矛盾しているように見える現象の裏側に、建設業界特有の問題が潜んでいるようです。

2❶ 新入社員

「こんなに辛いとは思いませんでした」
「熱中症になったみたいです。今月7回目ですが……休みます」
　意気揚々と建設業界にチャレンジする若者の多くが、3ヶ月の壁を超えることができずに退職していきます。

私が建設業界に入った20世紀後半は、「1年坊主は殴られて育つ」といった暴力的な空気が漂っていましたが、今では、どの建設会社もスマートな働き方を目指しているようで、任侠映画に出てくるような怖い雰囲気の先輩はほとんど見かけなくなりました。ずいぶん働きやすくなったように感じます。

ただ、「ハードワーク」であることに変わりはなく、空に太陽がある限り（朝8時〜夕方6時くらい）、月曜から土曜まで週6日間の肉体労働を続ける体力と、猛暑や厳冬に怯むことなく屋外での作業を遂行する強靭さが求められます。「サバイバル

第1章

ゲーム的な職場環境」は、現在も多くの建設現場で健在なのです。

体力的にもメンタル的にも厳しい社会であるが故に、未経験者でも高い日当・月給を払わなければ作業員が集まらないことから、1年未満の駆け出しの作業員に対しても、かなり高額な給料が支払われているのが実情です。

元々建設業界は慢性的な人手不足に悩まされていましたから、「給料をアップすれば人が集まるのであれば贅沢はいえない」という空気があったことも新入社員の給料の高額化を後押ししているのでしょう。

しかし、高額な給料を支払ったとしても、仕事を覚えるまではミスがつきものです。ミスをカバーするためには時間とお金が掛かります。昔から「見習いを1人雇ったら、教える時間とミスをカバーする時間を含めて3倍のお金と時間が溶けていく」といわれます。基本給が高くなることは、雇用主にとっては大きな負担増となるわけで、「給料アップは仕事を覚えてからにしてほしい」というのが雇用する側の本音でしょう。実際、高額の給料を支払っても、「3年間は給料に見合った仕事をするのは難しい」ことは、どの業界でも同じです。戦力になる前に退職する可能性の高い新入社員に大盤振る舞いすることは、経営を逼迫させるため、親方にとって新入社員の採用は「清水の舞台」のようなものなのです。

一昔前は違いました。1990年代、私が修業していた大阪の老舗塗装店では、ロレックスのデイトナをつけてペンキを塗っている親方がいました。ポレックスでもフランク三浦でもないスイス製の本物の高級腕時計です。

その頃は、「『親方は儲かる!』を若者に見せて、早く一人前

に育てるんだ！」と語る情熱的な親方がいましたが、今ではそんなロレックス親方を見ることもなくなりました。原因はデイトナが高くなったからではなく、親方が儲かる時代が終焉したからです。

　人件費高騰の恩恵を受けているのは、転職を繰り返す若者の方で、本来報われるべき熟練職人はそれほど恩恵を受けていないのが現実なのです。

　その一方で、人を集めるために、未経験者や一人前ではないスタッフの給料は、あれよあれよという間に上がり続け、これによって総額としての「人件費」は上昇するという現象が起きているようです。

2❷　外国人技能実習生

　30代の頃、アンコールワットの遺跡エリアで工事をしていたときは、カンボジアの作業員と一緒に、カタコトのクメール語と英語で作業を進めていました。

　今の大規模修繕工事の現場を見ていると、その頃が懐かしく感じるくらい外国人作業員の姿が目にとまります。ベトナム・中国・インドネシアなどアジアの様々な国からやってきた技能実習生の人たちです。特に足場関係の実習生が多いような印象があります。

　ところで、経営者同士で話をしていると、「日本の若者は、高い給料を払っても長続きしないんだよなー」

　そんな声が聞こえてくることがあります。そのとき、必ずと言っていいほど話題にのぼるのが「外国人技能実習生」です。

　たまに「外国人技能実習生なら給料も安いし、退職すること

第1章

もないんじゃない？」といわれることもありますが、大きな誤解です。

　まず、企業側にとって「外国人技能実習生（の給料）は安い」とはいえない事情があるのです。外国人技能実習生のための住環境の整備や、実習生を担当する日本人スタッフの確保、実習生を監理する団体への支払いなどを含めて考えると、たとえ最低賃金で雇用したとしても、外国人1名に掛かる費用は、日本人1名とそれほど変わらないのが実情なのです。

　都市伝説では、「外国人技能実習生は狭いアパートに詰め込まれて、過酷な労働を強制されている」と囁かれることもあるようですが、国の制度で入国し、監理団体がチェックしている外国人技能実習生が、労働基準法に違反するような強制労働を強いられることなどありません。むしろ『勇気のしるし』を歌いながら24時間戦っていた昭和のサラリーマン「牛若丸三郎太」さんの方がハードワークだったでしょう。

　また、「外国人技能実習生なら辞めない」という意見もありますが、これも誤解です。確かに技能実習生は「辞めない」かもしれませんが「逃亡する」リスクがあるのです。実習生をターゲットにした「逃し屋」が横行していることが大きな原因です。

　以前、秋葉原に電気製品を見に行くといったまま帰ってこなかった外国人技能実習生がいました。企業側が警察と監理団体に届け出たものの、積極的に捜査されることはなかったようです。Facebookのプロフィール写真に群馬県の駅名が映り込んでいたので、捜索してほしいと頼んでも警察は動かなかったとか。数年後、祖国で奥さんと子どもが待っているにもかかわらず、その逃亡した外国人は日本人女性と結婚。日本で運転免許を取りに行った際にそれらの事実が発覚したのですが、結婚し

て日本国籍を得た以上、不法滞在者ではないということで何のおとがめもなかったそうです。

真面目に働き続けるホワイトな外国人技能実習生の裏で、技能実習生として日本に入国し「逃し屋」の手を借りて逃亡した挙げ句、日本人女性と結婚して日本国籍を取得する「逃亡外国人」は年々増えているようです。祖国に残された家族のことを考えると不憫でなりません。

「外国人技能実習生は、安くて辞めないから安心」という考えは幻想で、むしろ外国人技能実習生には、日本人と同等かそれ以上の費用が必要で、かつ「逃亡のリスク」があるのでマイナス面が大きい、と考える方が正しいのかもしれません。

ちなみに、外国人技能実習生の間でも、「日本の建設業界は、労働環境は過酷だし、拘束時間も長いから、やめた方がいい。日本で働くなら、快適な工場に限るよ」という考えが広がっているようです。また、「日本の建設業界は、暑さも寒さも厭わないサムライかニンジャしかいないから、あんなところで働くのはクレイジーだよ」という噂もあるようです。そんな悪名高い日本の建設業界に、今後、外国人技能実習生が大挙して押し寄せてくることはないのかもしれません。

column 昭和の香りが強い会社

私は大学時代に、インド・バングラデシュやアフリカ諸国を訪れて、学校を造ったり、井戸を掘ったりといった国際協力活動に没頭していた時期がありました。卒業すると、それ以外に特に取り柄もありませんでしたので、そのときの経験にすがりつくように、この業界に入りました。

第1章

　10年近くの間、大阪の老舗塗装店で修業したのちに、私が独立開業した会社には、少し変わった社風があり、新入社員の研修先は、「カンボジアでの地雷撤去」、「フィリピンのゴミ捨て場での……」、「ガンジス川の上流での……」など、現在ではR指定ものの国際協力の色彩が強いものばかりで、ずいぶん尖っていたように思います。

　研修の目的は、「日本の建設業界が厳しいといっても、工事の前に地雷を撤去しなければならないほどの過酷さはなく、また、食生活も住環境も医療環境も充実している！」という恵まれた事実を、1年目の新入社員に身をもって体験してもらいたかったからですが、振り返ると、随分と無茶をしていたように感じます。

　それでもトライアスロンの元日本チャンピオンやTOEIC®930点以上の才女など個性的なスタッフが集まっていましたし、2010年には「世界を変えるデザイン展」（主催；日本財団ほか）から声を掛けていただいたり、JICAやJETROなどで講演させていただくなど、多少の過激さはあっても社会の課題を改善しようと取り組む姿勢は、国内外で評価されていたように思います。それが許された時代でもあったのです。

　時代は変わり、今同じことをすれば、おそらくネガティブなコメントが私の寿命が尽きるまで続くかもしれません。労働環境だけでなく、社会が企業に求める役割も変わったように感じます。

―― column ――

2-❸　労働環境の変化

　いつの時代にも「近頃の若い奴らは……」というボヤキがありますが、令和のボヤキは少し質が違うように感じます。
　先日、東京の現場で、新人のペンキ職人が、マンションの外壁に契約とは違う材料を塗っているにもかかわらず、親方が何もいわないことに痺れを切らした現場監督が、
「お前あほか！　塗る材料、間違っとるぞ！」
と注意したところ、しばらくして親方がやってきて、
「ワビ入れてくれねーか！　こいつアホじゃねーんだよ！」
と現場監督に詰め寄り、現場監督がそれを拒否すると「こんな現場じゃ働けねー」と帰っていったとか。
　これを皮切りに塗装工全員がボイコットした現場はちょっとしたパニックとなり、結果的には、違う材料を塗った職人はウッカリだから非難されるべきではなく、むしろ「アホ」という言葉を使い、お詫びを入れなかった現場監督が悪いという話でまとまり、結局、納得できない現場監督が退職して、この騒動は幕を閉じたというのです。
　現場監督としては、間違えた材料を塗っている職人をそのまま放置して、手直しなどで工期が遅延すれば、その後ろで控えている他の工事業者にも影響が出ますし、塗装工の親方に対しても、無駄な材料代と手間代を掛けさせたくないと思ったのでしょう。言葉遣いに問題があったとしても、だからといってボイコットまでするのは逆パワハラじゃないか、という思いもあったのかもしれません。
　しかし、令和では「作業員の働きやすさ」を重視するあまり、

明らかに非常識な職人や間違った職人に対しても、「怒ってはいけない」という空気が流れるようになっているのです。

この話をすると、「怒らずに、ペンキ屋をチェンジすれば良かったんじゃない？」と思う方もいるかもしれませんが、今は圧倒的に作業員が不足しており、「腕が悪い職人をチェンジしたら、もっと腕の悪い職人がやってくる」ことが当たり前になっています。腕の良い職人は引っ張りダコですが、空いている職人には、それなりに理由があるのです。

そのため、たとえ優秀な現場監督であっても、波風を立てることや、さらなる品質低下のリスクをおそれ、変な仕事をする作業員に対して常識的な要求をすることすら躊躇し始めているようです。

「働き方改革」によって、品質の低下、工事の遅延、工事価格の高騰という3つの問題が顕在化し始めているのが、建設業界の現状（惨状？）といえるでしょう。

2-4　企業の内部留保

「朝、コンビニコーヒーを水筒に移して、レジ横のポットでお湯を足し、激薄コーヒーをテイクアウトする」

寒い朝、千葉のコンビニで見かけたガードマンさんは、濃いコーヒーが苦手なのか？　節約家なのか？　そもそも彼は断罪されるべきなのか？

そんな疑問が芽生えたのは、ガードマンさんの日当が全然変わっていないと教えてもらったときのことです。

「人件費が上がっていますので……」を口実に、企業が値上げを繰り返す一方で、スタッフの人件費はピクリともしない、諸

外国から「強欲インフレ」と揶揄される「令和の値上げあるある」は、もちろん建設業界にも蔓延しています。

　個人の給料がほぼ横ばいなのを尻目に、元請け会社から下請け会社への発注金額は確実に上昇しているのです。

　たとえば、発注金額ベースでは、今や東京のガードマンさんの日当は、大阪では建築カーストの上位に君臨する宮大工さんの日当と同じくらいですが、その高額な日当は、雇用主のダム経営によって堰き止められ、ガードマンさんの手元まで流れてくることはありません。

　コロナ禍以降、元請け会社から下請け会社に発注する金額は上がっていますが、昔から働いている熟練職人の日当が上がることはなく、雇用主である企業の「内部留保」として蓄積されるケースが目立つようになりました。長期間にわたって売上げが立たない事態に備える必要があることをコロナ禍で思い知らされたのでしょう。

　企業の経営が強化され、企業が末長く存続することは望ましいことではありますが、「働き手」が受ける恩恵が少ないことは、建設業界も他業界と同じなのです。

3　法改正

「中東の飛行場の雨漏りを直せますか？」、細くて長い紐を手繰り寄せてきた商社の知り合いから問い合わせがあり、ドバイを訪問したのが2021年。わずか数年前ですが、ドバイのような最先端といわれる都市でさえ、街外れまで足を延ばせば、竹で足場を組んでいる建物に遭遇することができました。

　私が大阪の老舗塗装店で修業を始めた1990年代後半は、戸

第1章

建て住宅であれば、塗装工が丸太で足場を組んでいて、丸太1本のリース代が1ヶ月3銭だったことを覚えています。

しかし、今では竹の足場はもちろん、丸太足場も見かけることはなくなりました。鋼製足場と呼ばれる鉄製の足場が基本です。テレビの『SASUKE』のファイナルステージや、『鳥人間コンテスト』のプラットホームでお馴染みの足場です。

ただ、鋼製足場であれば、どのような足場を設置しても良いというわけではありません。「安全第一」の号令の下、法規制と法改正が何度も繰り返されているのです。

昨今の足場に関する法規制の中でもターニングポイントといえるのが、2009年の改正でしょう。足場からの墜落災害の防止と飛来落下事故の防止を目標に掲げるこの法改正では、「より安全な足場に」するための様々な指針が示されました。費用や手間を中心に考えますと、「より安全な足場に」するために、法改正前に比べて、工事で使用する足場の材料が20％近く増えるようになったのです。

現場で使用する足場の材料が20％増えるということは、その分、人件費も余分に掛かりますし、運搬費も掛かります。足場の組立てや解体の日数も、長くなります。足場関係の工事期間が延びると、現場監督の給料など、現場経費も余分に掛かるようになるでしょう。

結局、法改正を境に足場関係の工事費用は30％以上高額化するようになったのです。

しかし、値上げ幅はそれだけに止まりません。「安全」という大義は、企業の役員や安全担当者を突き動かす大きなエネルギーを持っていたからです。法改正以降、多くの工事会社が法規制の遥か上をいく独自の安全基準を次々と発表し、他社よりも

安全な足場を設置することを誇りと捉える風潮が加速したのです。

結果、「より安全な足場」というスローガンの下、現場で使用する足場関係の材料は更に増えるようになり、法改正から数年が経過した頃には、足場関係の工事費用は2倍以上に上昇していました。

そして、「より安全な足場」へのムーブメントには終わりがありません。今後も建設業界では、法改正と価格高騰が繰り返される可能性が高いようです。

法改正それ自体による値上げよりも、法改正を端緒とする企業の自主的な安全対策によって、足場関係の費用が値上がりし、これによって工事価格が上昇しているといえるのです。

第1章 まとめ

　大規模修繕工事の価格高騰をもたらしている要因は、「材料代の高騰」「人件費の高騰」「法改正」の3つといえます。

　そして、これらはいずれも避けることが難しいものと思われます。

　しかし、「アイデア」次第で、大規模修繕工事の価格上昇を最小限に抑えることも可能です。

　まず第2章で「大規模修繕工事」に関する一般論について深掘りした後、第3章で「工事価格を削減する法則」について詳述したいと思います。

第2章

大規模修繕工事を成功させるまでの3つのステージ

第2章

　大規模修繕工事は、「**準備の段階**」、「**工事会社の選定の段階**」、「**工事の実施の段階**」という3つのステージをクリアしながら進んでいきます。

　大規模修繕工事が、マンション管理組合のみなさまにとって満足のいくものになるかどうかは、それぞれのステージにおいて、ポイントを押さえることが大切です。

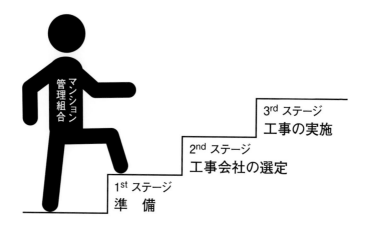

基礎知識

◆大規模修繕工事とは◆

　大規模修繕工事とは、建物の共用部分について、「経年により劣化した箇所を修繕」し、「美観性と機能性を復元・向上させる工事」のことをいいます。

　一般に大規模修繕工事の対象となるのは、屋上・外壁・バルコニー・外部階段・共用廊下などです。

　給排水管やエレベーターなども共用部分ですが、一般的には「大規模修繕工事」に含めて考えることはありません。

また、スロープの設置やバリアフリーなどの「住環境の向上」を目的として行われる工事は、大規模修繕工事の際に行われることが多いものですが、通常、大規模修繕工事に含まれるものではありません。
　ところで、建物は雨や日射、気温の変化などの外部要因により、少しずつ劣化していきます。当初は進行が遅いものの、傷んだ部位を放置していると、さらなる劣化をもたらし、加速度的に進行していきます。最初は小さなひび割れに過ぎなかったものでも、そこから雨水が浸入すれば、やがて雨漏りやタイルの剥落などの実害に発展するのです。
　サビが発生した鉄部の塗り替えや、割れたタイルの修繕など小規模なメンテナンスは通常、管理会社の主導で日常的に行われています。
　ところが、建物には足場やゴンドラを設置しなければ、劣化の有無を確認することはもちろん、修繕できない部位もあります。もし劣化した箇所を放置しておけば、劣化は急速に進み、建物の寿命が短くなるなど、資産価値に影響を及ぼすこともあります。それを防ぐためには建物の屋上・外壁などの劣化部分を一定年数ごとに修繕して、「建物の長寿命化」を実現しながら、「より快適な住環境」を回復させる工事、すなわち大規模修繕工事が不可欠と考えられているのです。

◆**大規模修繕工事の頻度**◆

　分譲マンションでは通常、10年～15年に一度のサイクルで大規模修繕工事が行われます（12年ごとに実施するケースが多いようです）。
　一方、賃貸マンションや病院、学校、倉庫、商業施設などでは、雨漏りなど実害が発生してから修繕計画を立てるケースが多く、修繕のサイクルは分譲マンションと比べると2倍以上に長いといわれています。

1 準備

大規模修繕工事の3つのステージの1番目は、**「準備」**の段階です。

「準備」の段階では、「建物の劣化調査(建物診断)」、「工事の進め方」、「設計」の3つが重要になります。

1-❶ 建物の劣化調査(建物診断)

新築工事から10年、または前回の大規模修繕工事から10年が経過した頃を目安に、管理会社からマンション管理組合の理事会に対して、「そろそろ大規模修繕工事の時期ですよ」というアナウンスメントがあるのが一般的です。管理会社とマンション管理組合との間で締結している「マンション管理委託契約」に建物の点検などの業務が含まれていることがその理由で、決して管理会社が大規模修繕工事によってマンションを食い物にしようとしているわけではありません。

ちなみに、「約12年ごとに実施するのが通常」という形式的な理由だけで、大規模修繕工事の実施を決定するマンションはそう多くはありません。1年でも先送りできれば、それだけ多くの修繕積立金が貯まりますから、マンション管理組合にとっては、必要がなければ実施したくないと考えるのは当然でしょう。

そのため、年数の経過という形式的な理由以外に、「実際に建物が劣化しているかどうか」という実質的な理由を加味して、大規模修繕工事を実施するかどうかを検討することが一般的なのです。

この「実際に建物が劣化しているかどうか」を調査することを、**建物の劣化調査（建物診断）**といいます。
　ところで、建物が劣化しているかどうかは、マンション管理組合のメンバーが目視で判断できる箇所もありますが、総合的な判断となるとプロの手に委ねるほかはありません。
　そこで、「建物の劣化調査」を第三者に依頼することになります。

◆**建物の劣化調査（建物診断）の内容は？**◆

　建物の劣化調査（建物診断）は、①**目視・打診調査**、②**シーリング物性試験**、③**塗膜・タイルの引張(ひっぱり)試験**、④**コンクリートの中性化試験**、⑤**防水材の膜厚試験**、の5項目が一般的ですが、⑤は防水層に穴を開けることが多く、漏水のリスクがあるため、最近は省略されることもあるようです。また、建物が劣化しているかどうかとは別の話ですが、大規模修繕工事の概算予算の作成に影響することから、近年では⑥**アスベスト含有調査**、を建物の劣化調査の際に実施するマンションも増えてきました。

建物の劣化調査（建物診断）の項目
　①目視・打診調査
　②シーリング物性試験
　③塗膜・タイルの引張試験
　④コンクリートの中性化試験
　⑤防水材の膜厚試験
　　　　＋
　⑥アスベスト含有調査

第2章

 ところで、建物の劣化調査の中には、読んで字の如く的なものと、そうでないものがあります。たとえば、①の**目視・打診調査**は、目で見たり、叩いたりして、ひび割れや浮きなどをチェックすること、また、③の**塗膜・タイルの引張試験**は、機械などで引っ張って、どれくらい密着しているかをチェックすること、⑤の**防水材の膜厚試験**は、防水層の厚さを機械などを用いてチェックすること、と容易に想像できるかと思います。しかし、②のシーリング物性試験と④のコンクリートの中性化試験については、少し専門的かもしれません。

 ②の**シーリング物性試験**とは、建物の打継ぎ部や窓まわりなどに打設されているシーリング材の硬さや引張強度などを調べる試験のことをいいます。ごく稀に前回の大規模修繕工事のシーリング材が、いまだに硬化していなかったり（硬化不良）、軟化しているなどの問題が発見されることがあります。硬化不良や軟化したシーリング材は、撤去するのに通常の2倍以上の手間と時間が掛かるだけでなく、経験上、硬化不良や軟化したシーリング材の周辺は、タイルの浮きなどの劣化が通常と比べて激しくなるケースが多いことから、シーリング材の硬化不良や軟化が発見された場合には、大規模修繕工事の予算や今後の修繕計画に大きな影響が出るため、注意が必要です。

 ④の**コンクリートの中性化試験**は、主に鉄筋コンクリート造のマンションを対象に行われます。鉄筋コンクリート造は、サビに弱い鉄筋の周囲を、アルカリ性のコンクリートで覆うことで、建物の長寿命化を目指す構造ですが、コンクリートは、大気中のCO_2や酸性雨にさらされることによって、外側から少しずつアルカリ性の性質が失われ（予測数値；厚0.5mm/年）、やがて中性化するといわれています。私の経験上、中性化の進行速度

は、予測数値よりも遅いケースがほとんどですが、ごく稀に、それ以上に早いペースで中性化が進んでいる建物もあります。その場合、アルカリ性を回復させる工事を行うのか、中性化の進行速度を遅らせる対策を取るのか、まったく手を付けないのかなど、どういった対策を取るべきか、という選択に迫られます。マンションの予算と、マンション管理組合の長寿命化へのニーズを加味して、マンション管理組合で方向性を考える必要があるのです。

　以上のように、①〜⑤の全部または一部の項目について調査を実施し、それらを分析して、総合所見を導き出すことによって、建物の劣化調査は終了します。個別の調査項目ばかりに注目しすぎると、「木を見て森を見ず」の弊害が発生しますので、俯瞰的に建物の状況を分析する「総合所見」が重要といえるでしょう。

◆建物の劣化調査（建物診断）を実施するのは誰？◆

　建物の劣化調査（建物診断）の依頼先は、建物を日頃から管理・点検するなかで建物の弱点を理解しており、かつ修繕履歴も把握している管理会社が最も適任だと思われます。実際、管理会社が劣化調査を行うケースが多いようです。

　上述のように、建物の劣化調査の結果によっては、コンクリートの中性化といった、その後のマンションの長期修繕計画に大きく影響を及ぼす問題が発見される可能性もあります。そのような可能性に鑑みますと、今後も長いお付き合いとなる管理会社に建物の劣化調査を依頼することが安心といえるでしょう。

　ただ、マンション管理組合と管理会社との関係が険悪な場合や、管理会社による建物の劣化調査の費用があまりに高額な場

合もあります。その場合は、設計事務所などのコンサルタントが建物の劣化調査を実施しているようです。

◆建物の劣化調査（建物診断）の費用◆

　建物の劣化調査（建物診断）の費用は、一般には**30万～50万円程度**です。

　もし、ゴンドラ（チェアー式）などを設置して打診調査を行う場合には、100万円以上の費用が掛かることもあります。また、一部の居住者（10％程度）のバルコニー内の目視・打診調査や、すべての居住者へのアンケート調査を実施すれば、その分の費用は上乗せされます。もちろん「⑥アスベスト含有調査」を実施すれば、それにも別途費用が掛かります。

　こうして建物の劣化調査を実施し、その報告書を精査しながら、「建物がどれくらい劣化しているのか」「何年くらい先に大規模修繕工事を実施すべきか」をマンション管理組合の理事会の中で検討していくことになるのです。
　本書では、「出来るだけ早いタイミングで」大規模修繕工事を実施することが望ましいと判断されたと仮定して、次のステージへと進みます。

> **※長期修繕計画と建物の劣化調査（建物診断）の関係**
> 　国土交通省による令和3年の修繕積立金に関するガイドラインの改訂によって、これまで以上に、長期修繕計画の重要性および長期修繕計画をアップデートすることの必要性が注目されるようになりました。
> 　その結果、今ではほとんどのマンションで長期修繕計画が策定され、数十年先まで毎年どのようなメンテナンスが

必要で、それらにどれくらいの費用が掛かるかを計画し、修繕積立金の会計に不足が生じないように準備されるようになっています。

しかし、長期修繕計画の通りにメンテナンスしなければならないわけではありません。必要のないタイミングで工事が計画されている場合もあるからです。長期修繕計画はあくまで目安にすぎず、建物の実際の劣化具合を確認しながら大規模修繕工事を実施すべきタイミングを見極めることが望ましいといえるでしょう。

※建物の劣化調査（建物診断）にセカンドオピニオンは必要か？

マンション管理組合・理事会のメンバーが想像している劣化のイメージと、建物の劣化調査（建物診断）の結果が異なる場合があります。たとえば、理事のメンバーが見る限りでは「まだ建物はそれほど劣化していない」ように思われるにもかかわらず、建物の劣化調査の結果では、「建物の劣化が激しい」と判断されたようなケースです。

このような場合、セカンドオピニオンとして、さらに別の会社に建物の劣化調査を依頼すべきでしょうか？

結論を先に申し上げますと、建物の劣化調査は何度も実施する必要はないと思われます。

なぜなら、調査は無料ではありませんし、仮に最初の調査の結果と、セカンドオピニオンの調査の結果が異なる場合、どちらを信用すれば良いのかという新たな問題が発生するおそれもあるからです。場合によっては、セカンドオピニオンのセカンドオピニオンが必要か？　……という無限問答に陥る可能性もあります。

そのような事態まで想定して考えると、建物の状況を把握している管理会社が建物の劣化調査を実施し、その内容を信頼することがベストだと思われます。

※建物の劣化調査（建物診断）の注意点

　一昔前は、管理会社やコンサルタントが大規模修繕工事の受注ほしさに、建物がそれほど劣化していないにもかかわらず、建物の劣化部分を過度に強調した報告書を意図的に作成し、今すぐに工事が必要なように誘導していたこともありました。1990年代に社会問題となった床下のシロアリ詐欺のような手口です。

　時代が成熟し、最近では、そのような事案は減ったように思われます。ただ、ゼロではありませんので、建物の劣化調査（建物診断）の結果に納得がいかない場合には、納得できるまで質問することが大切なのかもしれません。

※そもそも建物の劣化調査（建物診断）は必要か？

　大規模修繕工事の黎明期には、大規模修繕工事を実施する前に、「建物の劣化調査（建物診断）」を実施することはマストと考えられていましたが、近年では「（建物の劣化調査）不要論」も聞かれるようになりました。背景には、
「12年ごとに大規模修繕工事を実施することが一般化されている以上、実施しないという選択肢は例外ではないか」
「十中八九の確率で実施するにもかかわらず、建物劣化調査を実施することは修繕積立金の無駄遣いではないか」
　という意見があるようです。

　大規模修繕工事の実施に消極的なマンションにおいて、エビデンスが必要といった特殊な事情がある場合を除くと、大規模修繕工事の工事価格が上昇している昨今の経済情勢を考えますと、「不要論」にも一定の合理性があるように思われます。

　ただし、予算が逼迫しているマンションでは、建物の劣化調査をした上で、「面ごとの大規模修繕工事」（170頁）を検討することも有効な選択肢といえるでしょう。

1-② 責任施工方式・設計監理方式・住民参加方式

建物の劣化調査（建物診断）の結果を、マンション管理組合の理事会や修繕委員会などで検証した結果、「出来るだけ早いタイミングで、大規模修繕工事を実施しよう！」という方向性が定まった場合、次は、大規模修繕工事をどのように進めていくかを決めることになります。

大規模修繕工事では、「建物のどこを工事するのか？（工事範囲・数量）」、「どんな材料を使って、どんな工法で行うか？（仕様）」という**「設計」**に関する事項が重要です。これによって工事の金額が大きく変わってくるからです。もちろん、工事の「施工」と**「品質管理」**が重要なことはいうまでもありません。

この「設計」と「品質管理」を誰が行うかによって、大規模修繕工事の進め方は、**責任施工方式、設計監理方式、住民参加方式**という3つの方式に分かれます。

いずれの進め方を採用するかについては、マンション管理組合の理事会だけで決める場合もあれば、区分所有者による総会を開催して決定する場合もあります。

まずはそれぞれの方式について詳述したいと思います。

工事の進め方の比較

	責任施工方式	設計監理方式	住民参加方式
設 計 (工事範囲、数量、仕様の決定)	工事会社	コンサルタント	管理会社など
施 工 (品質管理)	工事会社	工事会社 （コンサルタント）	工事会社
その他		工事会社の選定補助をコンサルタントが担う	

第2章

● 責任施工方式 ●

責任施工方式とは、それぞれの工事会社が工事の内容を独自に**設計**し、マンション管理組合の精査・承認を経て決定した内容の大規模修繕工事を、工事会社が責任を持って「**施工**」し、「**品質管理**」を行う方式です。

いわば大規模修繕工事の「設計」「施工」「品質管理」の三つをすべて工事会社が単独で行う方式です。

ただ、最近ではほとんど採用されなくなっているようです。

■ 責任施工方式のメリット

責任施工方式では、「**設計**」と「**施工**」が一体であるため、工事会社の技術レベルが高い場合には、最高品質の工事を期待できるというメリットがあります。

そして、最大のメリットは、工事費用以外のコストが掛からないため、コストの削減を期待できるところにあるでしょう。

しかし、責任施工方式には、大きなデメリットがあるといわれています。

■ 責任施工方式のデメリット ～相見積もりに適さない～

責任施工方式は、工事会社がそれぞれ独自の判断で、工事内容を設計するため、工事会社ごとに工事内容(工事範囲・数量・仕様)が異なるという問題があります。

たとえば、A社もB社も外壁塗装の単価が同じ1㎡あたり2000円だったとしても、A社は安価な材料、B社は高価な材料、という場合もあるのです。

また、工事会社ごとに数量が違う場合もあります。たとえば、

A社の外壁塗装工事の面積が2000㎡なのに対し、B社は1000㎡ということもあるのです。仮にB社が数量を間違えていた場合、単価が同じ3000円ならB社の方が総額は安くなりますが、工事着工後にB社が「計算間違いでした、追加をください」とか「1000㎡分だけ塗ります、残りは見積もり外ですから塗りません」といってくる可能性もゼロではありません。結局、A社とB社のどちらが安いのか分からなくなるのです。

　単価と数量の組み合わせは無限に考えられますし、材料も安価なものから高価なものまでラインナップが揃っていますので、責任施工方式の場合、「どの会社の見積もりが建物にとっての最適解なのか？」というプロでさえ難しい判断を管理組合・理事会・修繕委員会がしなければならないというデメリットがあります。

　また、工事会社の中には、「トンデモ理論」を唱える悪質な会社もあります。たとえば、近年はゲリラ豪雨が激しく降るので汚れは洗い流されているという理由で、工事項目から「水洗い」を除外したり、工事会社の勝手な判断で、廊下の床シートの貼り替えを削減するなどです。

　確かに、このような「トンデモ理論」によって、工事範囲や工事項目を減らせば、他社と比べて工事の総額が安くなる可能性がありますが、果たしてこれが「安い」といえるのか、「ただの手抜き」ではないのか、疑問が残ります。

　このように責任施工方式は、工事会社ごとに工事範囲や数量、仕様が異なるため、複数の工事会社の見積もりを同一条件で比較できない=「相見積もりに適さない」というデメリットがあるのです。

第2章

column 「美人は薄化粧」理論

　責任施工方式への執着を見せる工事会社の中には、
「美人はみんな薄化粧でしょ！　だから、塗装も薄く1回塗りの薄化粧が良いのですよ!!」（通常は3回または2回塗り）とか、
「屋上から雨が漏れても困るのは最上階の人だけですから、屋上防水はしなくて良いですよ！」
　そんな主張をする会社もあります。

　しかし、「美人は薄化粧」のたとえ話が、ハラスメントかどうかはさておき、「歴史ある日本の塗料メーカーのすべてが3回塗りを推奨している中で、主要メーカーでもない一部の工事会社だけが提案する1回塗りが果たして適正かどうか」、この判断は研究者でも難しいのかもしれません。

　また、「屋上からの漏水で困るのは……」という見解については、賛同する人は少ないでしょう。漏水によって建物の寿命が縮まることを考えると尚更です。

　責任施工方式の場合、このような「トンデモ理論」を唱える会社と、「王道の横綱相撲」をとる会社が、同じ土俵で戦わなければならないという問題があります。仕様も工事範囲もすべて、工事会社の「責任」で決めることができるのが「責任施工方式」の特色だからです。

　もちろん、3回塗りと1回塗りで、単価が同じはずはありません。そのため、**責任施工方式を貫徹すれば、「手抜き」工事をした方が有利になってしまう**という問題があるのです。

column

● 設計監理方式 ●

設計監理方式は、前述の責任施工方式の「相見積もりに適さない」というデメリットを補うかたちで生まれました。

設計監理方式では、工事内容の**「設計」**は、コンサルタントと呼ばれる「管理会社・一級建築士事務所」など、建築についての知識を有する専門家が行います。

そして、工事の**「施工」**と**「品質管理」**は、基本的には工事会社が行いますが、コンサルタントも自ら「設計」した通りに工事が行われているかどうかのチェック（品質管理）を行います（コンサルタントが行う「品質管理」は「工事監理」と呼ばれます）。

コンサルタントの「工事監理」によって、「工事会社の品質管理」と「コンサルタントの品質管理」というダブルチェックの体制が整いますので、品質の向上が期待できると考えられているのです。

さらに、コンサルタントは、工事会社が設計通りに工事を行う能力があるかどうかを判断するために、管理組合、理事会、修繕委員会にアドバイスするなど**「工事会社の選定補助」**も行います（後述のように、このことが大きな問題を内包しています）。

■ 設計監理方式のメリット

マンション管理組合・理事会・修繕委員会からすれば、設計監理方式を採用し、コンサルタントに任せれば、最適な仕様を設計し、かつ、複数の工事会社から相見積もりをとってくれる上に、工事会社の良し悪しまでアドバイスしてくれるわけですから、「楽チン」です。

さらに、工事会社を決めた後は、コンサルタントが工事の品質管理も行ってくれるので、「安心」です。

 いわばコンサルタントは、マンション管理組合・理事会・修繕委員会にとって、「良きパートナー」として、大規模修繕工事の計画段階から工事完成まで伴走してくれる「唯一無二の頼りになる存在」といえるのです。

 ところで、設計監理方式が登場した背景には、
「工事会社をしっかり監視しなければ、手抜き工事をされるかもしれない」
「万一、手抜き工事をされて後々問題になったときに、大規模修繕工事の際の理事会や修繕委員会のメンバーだったと批判されるのは嫌だ」
「理事会や修繕委員会は無償のボランティアなのに、業務量が多い大規模修繕工事のタイミングで輪番制が回ってくることは罰ゲームのようで割に合わない」
「毎日の自分の仕事で忙しいから大規模修繕工事にかまっていられない、できるなら誰かに任せたい」
「工事会社との癒着が疑われそうで怖い、車を買い替えるタイミングにも気を遣う」──このような声がありました。

 設計監理方式では、経験豊富なコンサルタントが、大規模修繕工事の計画段階から工事完成まで伴走し、面倒な業務をすべて引き受けてくれるので、マンション管理組合・理事会・修繕委員会の**「負担が軽減」**するだけでなく、コンサルタントの工事監理によって、**「品質の向上」**を期待でき、さらに、不都合が発生した場合でも**「責任を回避」**できるという３つのメリットがあるのです。

■ 設計監理方式のデメリット

　設計監理方式の3つのメリット（**負担軽減・品質の向上・責任回避**）は、マンション管理組合・理事会・修繕委員会にとっては、待ちに待ったサービスであったため、一世を風靡した時期もありましたが、最近では衰退し始めている印象を受けます。

　衰退が始まった原因は、設計監理方式は、「**想像している以上にお金が掛かる**」ことにあるようです。

　なぜ設計監理方式はお金が掛かるのでしょう？

　当然ですが、コンサルタントは無償ではありません。建物の規模や業務の内容にもよりますが、コンサルタント費用は1戸あたり5万円前後が相場だといわれています。

　しかし、設計監理方式が『想像以上にお金が掛かる』のは、このコンサルタント費用の話ではありません。これとは別のところに、お金が掛かるのです。

　よく知られていることですが、コンサルタントは「設計監理業務」の報酬だけでは懐事情が寒すぎるという理由で、<u>**マンション管理組合・理事会・修繕委員会を誘導して、紐付きの工事会社に工事を受注させ、その見返りに、工事金額の10％程度を工事会社からキックバックして貰う**</u>ことが多いといわれています。

　そして、工事会社の立場からすると、コンサルタントに10％もキックバックしなければならないのに、自社の利益もいつもと同じでは面白くありません。**工事会社は、コンサルタントからキックバックを要求されるケースでは、通常より利益率を上げる傾向にあります。**たとえ法外な金額の見積もりだったとしても、コンサルタントが「お金欲しさに」マンション管理組合・

理事会・修繕委員会を誘導してくれるから心配ないと考えるのでしょう。

結論として、**設計監理方式を採用した場合、大規模修繕工事の工事価格は、コンサルタントへのキックバック分と、工事会社の利益率の上昇分を合わせて20％以上高くなる**傾向があるのです。

仮に適正価格が5000万円の工事だった場合、設計監理方式なら6000万円の工事になる計算です。修繕積立金に余裕がない状況であれば、この1000万円の差はマンションにとって大きな問題となるでしょう。

このように、工事金額が高くなりすぎることが、設計監理方式の最大のデメリットといえるのです。

工事の進め方の比較

	責任施工方式	設計監理方式	住民参加方式
発注者のデメリット	・相見積もりに適さない ・「トンデモ理論」あり	・お金が掛かり過ぎる ・お金を掛けるほどの効果がない	・管理会社が消極的になりがち ・少し手間が掛かる
発注者のメリット	・コスト削減の期待 ・高品質への期待	・負担軽減、安心感 ・品質向上？ ・責任回避できる	・低価格への期待 ・高品質への期待

column｜コンサルタントへのクレームの第1位は？

　設計監理方式に対しては、「コンサルタントに任せておけば、工事の品質管理もしてくれるから安心！」という期待が大きすぎるのでしょうか、「コンサルタントは何をチェックしているんだ！」というコンサルタントの品質管理に対するクレームが多くのマンションから聞こえてきます。何をチェックしているのか分からないコンサルタントに、法外な金額を支払うことに抵抗を感じる管理組合が多いことは当然なのかもしれません。

　また、技術力の高い工事会社にとっては、コンサルタントの存在それ自体が「自分の仕事が信頼されていない証拠」のように映るため、モチベーションを下げる要因にもなっているようです。中には「（私たちが）信頼できないなら、コンサルタントが納得する程度の仕事をしておけばいい」と技術力を出し惜しみする工事会社もあるほどです。

　実際、週に1回やってきて、素人のような話をするコンサルタントに時間を割かれることに苦痛を感じる工事会社も多いように感じます。

　結局、技術力の高い工事会社が施工する場合には、コンサルタントの力によって品質が向上する可能性は低いというのが現実なのです。

　設計監理方式は、マンション管理組合・理事会・修繕委員会にとって、「負担軽減・品質の向上・責任回避」という待ち望んだサービスだったため、一世を風靡しましたが、**「お金が掛かり過ぎる」「お金を掛けるほどの効果がない」**ことが明らかになるにつれ、いつしか衰退の坂を転がり始めた印象があります。

第2章

● **住民参加方式** ●

　責任施工方式の「相見積もりに適さない」という問題と、設計監理方式の「お金が掛かり過ぎる」「お金を掛けるほどの効果がない」という問題を解決する最善の方法は、マンション管理組合・理事会・修繕委員会が、積極的に大規模修繕工事に関わることではないか、と考えられるようになりました。

　「人が動けばお金は掛かり、人まかせにすればお金を騙し取られる」時代ですから、基本に立ち返って「自分たちにできることは、自分たちでやった方が安心・安全！」というのが、住民参加方式の根底にある考え方です。

　住民参加方式について、詳述すると、

　　まず、住民参加方式では、管理会社またはその系列の工事会社が、大規模修繕工事の「設計」を行います。

　　具体的には、管理会社などが**工事範囲**と**使用する材料**や**工法**を決め、**数量**を**積算**して、概算見積書を作成するのです。

　　次に、概算見積書の単価と金額を隠したものを「**(共通仕様に基づく)統一明細書**」として、理事会・修繕委員会が複数の工事会社に相見積もりを依頼します。

　　そして、相見積もり（入札）の結果、マンション管理組合が選んだ工事会社が「施工」と「品質管理」を行うのです。

┌─ 設計 ─┐		┌─ 相見積もり ─┐
（工事範囲、使用材料・工法の決定） **管理会社など**		統一明細書に基づいて **管理組合が工事会社に依頼**

近年の大規模修繕工事の業界を俯瞰しますと、多少の手間は掛かりますが「自分のことは自分で」という自己責任の原則に基づいて、住民参加方式を採用するマンションが増えているように感じます。低価格で工事を実現できるところが魅力なのでしょう。

　ただ、管理会社やコンサルタントにとっては面白くない方式であるため、管理会社に「住民参加方式」で工事を進めたいと馬鹿正直に言ってしまうと、「知らないふり」をされたり、「設計業務を拒否」されたりすることが多いようですので、慎重さが必要です。

● まとめ ●

　大規模修繕工事の進め方には、**責任施工方式・設計監理方式・住民参加方式**の3つがあります。

　このうち、**責任施工方式**は、相見積もりができないため、最近は採用されなくなりました。但し、過半数の区分所有者が工事を依頼したいと考える特定の会社（管理会社など）が存在する場合など例外的なケースでは採用されているようです。

　設計監理方式は、コンサルタントの質によりますが、高額の費用が掛かる傾向があるため、予算が厳しいマンションや無駄を嫌う管理組合は採用しない風潮があります。ただ、理事・修繕委員が多忙である場合や、マンション内に「問題児」といわれる居住者がいる場合に採用されることが多いようです。

　住民参加方式は、理事や修繕委員に多少の負担が発生することを嫌う人もいますが、近年もっとも採用するマンションが増えているようです。最も低価格に抑えながら、高品質が期待できることが人気の理由でしょう。

「修繕積立金が足りない」ことが社会問題となっている現在、住民参加方式が今後の主流になるような印象があります。

時代は**住民参加方式へ!!**

責任施工方式 ➡ 設計監理方式 ➡ 住民参加方式

column CM方式はどこへ？

かつて、CM方式と呼ばれる方式が注目を集めた時代がありました。

CMとは、Construction Management の略で、マンション管理組合が選んだコンストラクション・マネージャーと呼ばれる第三者が、同じくマンション管理組合が選んだ専門工事会社を監督して、工事を完成させる方式です。工事の設計は、マンション管理組合が選んだ設計士が行います。

CM方式では、マンション管理組合が直接、専門工事会社に発注するため、コンサルタントが紐付きの工事会社に発注して工事価格を不当に高騰させることを回避できるというメリットがあります。

CM方式が注目された時期は、ちょうどコンサルタントが工事会社からキックバックを貰ってマンションを食い物にすることが大きな社会問題となり、NHKの番組などでも度々特集されていた時代と重なっていましたので、注目されました。

また、マンション管理組合にとっても、大企業にコンストラクション・マネージャーを依頼すれば、高い品質の工事をリー

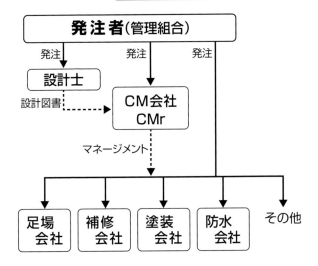

ズナブルに実現できるかもしれないという淡い期待がありましたので、「これからはCM方式の時代だ！」と話題になったのです。

　私も昔、CM方式の説明会に参加したことがありますが、「こりゃダメだ」と感じたことを覚えています。あくまでそのときの私の印象ですが、まずコンストラクション・マネージャーを任された大手ゼネコンの担当者（CMrと呼ばれます）が工事のことをまったく分かっていなかったのです。

　考えてみれば、そもそも大手ゼネコンにおける大規模修繕工事のエース級の現場監督は、自社の看板を掲げて、自社の子飼いの職人がいる現場で辣腕を振るうのが通常ですから、「自社の看板」とは呼べないCM方式の現場に配属されるCMrは必

然的にエース級とは真逆の人材となるのです。

　また、大規模修繕工事では、塗装や防水などの専門工事は、納め方や工期などで抵触する箇所が発生します。顔見知りの業者であれば、互助の精神が働きますが、一度きりで二度と会わない業者同士の場合、互いに我を出し合い衝突するのです。

　私が担当したドラッグストアのリニューアル工事（CM方式）の現場では、長雨が原因で屋根の防水工事が1週間中断していたのですが、突然、足場の足元付近のアスファルトを道路工事業者が掘削し始め、危うく足場が倒壊しそうになるほどの危険な状況となりました。CMrとは連絡がつかなかったため、道路工事業者に安全講和をしたことを思い出します。

　このようなことが積み重なって、CM方式は悪いレッテルが貼られ、今やまともな工事会社は近づこうともしません。

　それに健全な工事会社にとって、そもそもCM方式は魅力がないのです。たとえば、受注金額が1億円の工期4ヶ月の現場で元請けとして工事監理した場合、現場監督が10％の利益を残せば、会社には1000万円の粗利益が残りますが、CMrが同じ規模の現場で、同じ工事監理をした場合、せいぜい報酬月額100万円×4ヶ月で400万円の粗利益しか残りません。同じ業務を行っても、利益は半分にも満たないのです。

　企業は、お金にならないところには集まらないものです。CM方式は、技術力のある建設関係者からは見向きもされなくなり、一過性のブームとして終了に向かっているような印象を受けます。

---

column

1-❸ 設計

「大規模修繕工事」の 1st ステージ「準備」の段階では、
　a．建物のどこを工事するのか？　　　　　（工事範囲・数量）
　b．どんな材料を使って、どんな工法で行うのか？（工事仕様）
　c．工事金額はどれくらい掛かるのか？　　　　　（工事予算）
この3つを確定することが重要です。

大規模修繕工事における「設計」とは、まさにこのa．b．c．を決めることですが、ベストな設計を行うことができるかどうかで、マンションの資産価値は大きく左右されます。

ところで、マンションは区分所有者の大切な資産ですから、a．の**「工事範囲」**は、所有者の要望をすべて盛り込むことが理想ですし、b．の**「工事仕様」**については、出来るだけ高品質でデザイン性の高い材料を選定したいと思うのが本音でしょう。

しかし「無い袖は振れない」ことも事実ですから、いずれのテーマもc．の**「工事予算」**と密接に関連しています。すべての区分所有者の要望を全部叶えようとすれば、予算が足りなくなることもありますし、品質とデザインを追求しすぎると、工事金額は際限なく膨らむ可能性もあるのです。

要は、a．とb．とc．のバランスが大切といえるでしょう。

問題は、a．「工事範囲・数量」とb．「工事仕様」を誰が選定するかです。

大規模修繕工事の進め方について、**「住民参加方式」**を採用することが決まれば、「管理会社」などがa．とb．を選定することになりますし、**「設計監理方式」**を採用することが決まれば、コンサルタントが選定することになるでしょう。

第2章

　私の個人的な見解としては、マンションの日常の管理を行い、雨漏りなどの修繕履歴の蓄積があり、かつ居住者の生の声を最前線で聞いている管理会社が「設計」業務の適役であると思います。実際、管理会社が「設計」を担当するマンションが多いようです。

　ただ、「設計」業務は無償では難しいでしょう（依頼先が管理会社でもコンサルタントでも）。建物の規模にもよりますが、**20万～50万円程度**の費用が掛かるのが相場です。なぜなら、工事範囲や工事仕様を決めることは専門性の高いプロの業務であり、図面を元に各部位の面積などを積算することは1ヶ月近く時間が掛かる膨大なものですし、標準的な仕様を選定することも、最善な工法を選定することも、長い経験に裏付けられた知見がなければ生み出すことができないからです。

　そして、「建物のどこを工事するのか**（工事範囲・数量）**」（a.のテーマ）、「どんな材料を使って、どんな工法で行うのか**（工事仕様）**」（b.のテーマ）が決まると、それを元に概算見積もりを作成し、「工事金額はどれくらい掛かるのか**（工事予算）**」（c.のテーマ）を検討する段階へと進みます。

　マンションの予算と概算見積もりを比較検討しながら、工事範囲や仕様などを削ったり、増やしたりといった作業を、マンションの理事会・修繕委員会で繰り返しながら、最終的な「工事範囲・数量」と「工事仕様」が決定することになるのです。
「設計」業務の成果物として、金額欄が空欄で工事項目と数量が明記されている**「明細書（共通仕様に基づく統一明細書）」**と、どのような材料を用いてどのような工法で行うかが明記された**「仕様書（共通仕様書）」**を受け取ることで、1^{st}ステージの「準備」の段階は終了です。

column　概算予算とアスベスト含有調査

2023年の法改正により、大規模修繕工事の実施前にアスベストの含有調査が義務化されるようになりました（2006年以降に建築された建物を除く）。

そのため、もし「建物の劣化調査（建物診断）」の段階で、アスベスト調査を実施していなければ、設計の段階で、アスベスト調査を実施することが望ましいといえます。

仮に、アスベスト調査の結果、外壁や天井の塗料にアスベストが含有されていることが判明すれば、アスベストの含有レベルによって飛散対策など特別な施工方法が必要となりますので、場合によっては工事期間が延び、工事価格が上昇する可能性があります。

column　設計と資産価値

大規模修繕工事では、毎回改修が必要な工事と、2回に1回程度の改修で十分な工事があります。良い例がバルコニーや共用廊下の床シートの貼り替え工事です。数年前までは12年ごとの大規模修繕工事の度に、既存の床シートを撤去し、新しいシートに貼り替えるという考え方が主流でしたが、近年では2回に1回、つまり24年ごとに貼り替えるという考えが主流になっています。汚れにくい材質の床シートが開発されたこともありますが、毎回貼り替えることに費用対効果を感じなくなったマンションが増えたこともあるでしょう。

また、面格子や手摺などのアルミ材を交換するかどうかについても、3〜4回の大規模修繕工事に1回の頻度（36年〜48

年ごと)で実施すべきかどうか、その途中で、交換ではなく塗装すべきかなど、劣化状況を見て判断することになります。

また、バリアフリー化の工事や、駐車場や駐輪場の台数の増減工事、玄関扉の改修など、予算との兼ね合いで、出来るだけ早急に実施したい項目も目白押しです。

近年では、自然災害に備えて災害ステーションを増築しようとする動きや、屋上緑化などのグリーンインフラを通してSDGsを目指そうとする動き、また植物工場やビニールハウスを屋上に造って無農薬の野菜を栽培するなどして、食育や趣味を広げようとする取り組みも増えているようです。高齢化社会における安否確認のニーズやフードマイレージなどの温暖化対策の必要性を求める時代背景も追い風なのでしょう。

マンションの状態をしっかり確認し、適材適所を考えながら計画することで、より建物の資産価値を高めることができるのです。

column 「どの仕様がお薦めなのか」

大規模修繕工事の「設計」をする際に、みなさまから質問される項目をまとめてみました。

Q 外壁の塗装の仕上げの材料は何が良いのでしょうか?

Ⓐ 高価な順に、フッ素樹脂塗料、シリコン樹脂塗料、ウレタン樹脂塗料の3つが主流ですが、その中では、「シリコン樹脂塗料」が最も費用対効果が高いといわれており、最近では9割近いマンションがシリコン樹脂塗料で外壁を塗装しているようで

す。また、近年では無機系塗料も増えていますが、費用が高い点がネックのようです。

　また、エントランスの周囲や１階まわりなどのアクセントとして、御影石の雰囲気の塗料を使用する場合もあります。

Q　塗装に断熱性能を持たせたり、汚れ防止機能を持たせたりした方が良いのでしょうか？

Ⓐ 結露に悩まされているマンションは多くあります。断熱性能のある塗料が開発されていることも事実ですが、お部屋の内側で結露対策を実施した方が大きな効果が実感できそうです。

　また、汚れ防止の塗料については、一定の効果を期待できますが、建物全体に塗布するというよりも、汚れが目立つ箇所を中心に施工する方が費用対効果は高いのではないでしょうか。

Q　外壁がタイル貼りの場合に、タイルを保護するために透明の塗料で塗装した方が良いでしょうか？　洗浄だけで済ませた方が良いでしょうか？

Ⓐ 外壁タイルを保護する透明の塗料には、タイル表面に膜を張るタイプと、タイル目地などに浸透していくタイプがあります。タイル表面に膜を張るタイプは十数年後に改修する際に剥離しなければならないものが多く、それには大変な手間とお金が掛かります。長い目で見た場合、費用が掛かり過ぎるので、あまりお薦めではありません。しかし、漏水に悩まされている建物では、タイル目地に浸透していくタイプの塗料であれば試験施工から始めてみてはどうでしょうか？

第2章

Q バルコニーの床の材料は何が良いでしょうか？

A 高価な順に、タイル貼り、シート貼り、ウレタン防水の順ですが、それぞれに良さがあります。予算的に余裕があればタイル貼りが良いでしょう。

シート貼りは、施工直後は綺麗ですが、汚れが目立つようになると貼り替えざるを得なくなり、撤去と新設に結構な金額が掛かります。また、撤去の際の騒音と振動の負のパワーは大規模修繕工事の中でも最凶で、「建物にとって良いはずがない」と感じる方も多いでしょう。ウレタン防水は汚れても防水材を塗布すれば綺麗になるという手軽さはありますが、防水層が破れやすく、シートに比べると高級感に乏しい欠点があります。

最近では、超高級マンションのバルコニー床はタイル貼り、通常の分譲マンションの床はシート貼り、賃貸マンションの床はウレタン防水という棲み分けができているように感じます。

Q 廊下や階段の床の材料は何が良いのでしょうか？

A 六本木ヒルズにしてもオーキッドコートにしても、超高級マンションは「内廊下」で「カーペット」が主流のようです。

雨が吹き込む「外廊下」は、シート貼りかウレタン防水の2択ですが、雨天時に滑らないようにシート貼りがお薦めです。これは分譲マンションでも賃貸マンションでも同じです。

一方で階段の床は、予算の都合で、シート貼りにしたり、ウレタン防水にしたり、モルタルのままだったり、ケースバイケースのようです。

column

大規模修繕工事の3つのステージ

1st ステージ　準　備

1. 建物の劣化調査（建物診断）
2. 工事の進め方の決定
   （責任施工方式 or 設計監理方式 or 住民参加方式）
3. 設計（工事範囲、数量、仕様）＋ **概算予算**

2nd ステージ　工事会社の選定

1. 相見積もりに参加する工事会社の候補を見つける
2. 相見積もりに参加する工事会社を決定する
3. 工事会社による現地確認
4. 見積書の開封
5. ヒアリング
6. 工事会社の決定

3rd ステージ　工事の実施

第 2 章

2　工事会社の選定

　大規模修繕工事の 1st ステージの**「準備」**の段階をクリアすると、2nd ステージの**「工事会社の選定」**の段階に移ります。

　工事会社の技術力によって、大規模修繕工事の品質レベルが大きく変わり、資産価値に多大な影響を及ぼしますから、**「工事会社の選定」**は大規模修繕工事において最も重要なテーマといえるでしょう。

　特に、大規模修繕工事の工事会社の多くが、「技術の差別化」に無頓着な傾向が強いため、発注者側で自衛のために目を凝らす必要があるのです。

　一昔前は、相見積もりをせずに、新築工事を施工した工事会社や、管理会社またはその系列の工事会社に大規模修繕工事を発注する「特命」と呼ばれる形式を採用するマンションもありました。

　しかし、現在では複数の工事会社から相見積もりを取得し、その中から数社を選んで詳しい話を聞いた後（ヒアリング）、1つの工事会社をマンション管理組合・理事会・修繕委員会で内定し、総会で決定する、という手続きが主流となっています。

```
相見積もり　➡　ヒアリング　➡　決定
```

2-❶　相見積もりの候補の見つけ方

◆相見積もりに参加する工事会社の候補の見つけ方◆

　「工事会社の選定」の第一歩は、相見積もりに参加する工事会

社を見つけることです。大規模修繕工事における相見積もりは一般に「入札」と呼ばれますが、この入札に参加する工事会社は、どのようにして見つければ良いのでしょうか？

　近年では、広く区分所有者に呼びかけて、工事会社を推薦してもらう方法が主流となっているようです。区分所有者は、知り合いに工事会社がいれば声を掛け、知り合いがいない場合はインターネットなどで調べて良さそうな工事会社を見つけるというのが一般的なようです。

　設計監理方式の場合には、コンサルタントが工事会社を推薦したり、業界新聞やwebサイトに「○○マンションの入札に参加する工事会社の募集」などと掲載して、広く募る場合もありますが、後述のように大きな問題があります。

column インターネットの裏事情

　インターネットの黎明期は、ネット上では大企業も中小企業も零細企業も同じ土俵で戦うことができるといわれていましたが、今はそうではありません。インターネットの世界も「資金力のある会社が勝利する」時代に変貌を遂げているのです。

　GoogleにしろYahooにしろ、検索サイトで「大規模修繕工事」というキーワードで上位にアップされるためには、かなりの「お金」が必要です。誰もが1ページ目の上位5番目以上を望んでいますから当然でしょう。

　そのため、一昔前は、月額20万円程度の費用を掛ければ検索サイトの上位にアップされることもありましたが、今ではその10倍程度の予算を掛けても、上位に掲載されることは難しくなっているのです。

第2章

また、近年は**「評価はお金で買える」**といわれています。

私が会社を経営していた頃も、「月額●●万円で、『お客様満足度No.1』にしますよ！」とか、「インフルエンサーに外注して高評価を書かせますよ！」などステルス・マーケティング的な営業の電話がよくかかってきたものです。「ネットでの評価を信じたらダメなんだなぁ」と実感しました。

もし、「資金力に物を言わせた大企業」だけでなく、「技術力のある会社」にも相見積もりへの参加を希望する場合は、根気よくインターネットを数ページチェックする必要があるのです。

column 業界新聞の裏事情

もし、コンサルタントに、「工事会社の知り合いがいません、どうやって工事会社を探せば良いですか？」と質問すると、おそらく多くのコンサルタントが、「業界新聞なら、大規模修繕工事の工事会社はみんな読んでいます。業界新聞に掲載すると良いでしょう」といった答えが返ってくるように思われます。

あるいは、「弊社（コンサルタント）のホームページに募集を掲載すれば、かなりの数の問い合わせがありますよ」という返答があるかもしれません。

実にもっともらしい回答ですが、裏があります。

まず、談合と無縁の会社は、業界新聞を警戒しています。

昔、私が経営していた会社で、業界新聞に掲載された相見積もりの参加業者を公募しているマンションに片っ端から応募していた時期がありました。私の会社は創業10年以上・資本金8000万円以上など条件は満たしていたのですが、相見積もりに参加できたことは一件もありませんでした。「おかしいなぁ」と

思っていると、私の会社が落選したマンションの工事を地元の工務店が受注していて、その下請けとして入ってほしいと連絡がきたのです。どんなノウハウで受注できたのかを尋ねると、返ってきた答えは「最初から決まっているんだよ」でした。

当時の業界新聞の公募情報は、「公募しました」という証拠を残すためのポーズであることが多かったようです。

時代は変わったかもしれませんが、一度ネガティブなイメージがついてしまうと、談合とは無縁な工事会社が戻ってくることは難しいのかもしれません。

column

◆相見積もり（入札）に参加する工事会社の条件◆

相見積もり（入札）に参加する工事会社をインターネットや知り合いなどから探すとして、次の問題は、資本金や売上高など一定のハードルを設ける必要があるかどうかです。

コンサルタントや管理会社にアドバイスを求めると、「誰でも参加できるようにすれば、とんでもない数の工事会社から『参加したい』と問い合わせがきて、収拾がつかなくなりますよ」とか、「変な会社は事前に排除しておいた方が管理組合のためですよ」などといって、入札に高いハードルを設けるようにアドバイスされることもあります。

確かにある程度のハードルを設けなければ、技術力や経験に不安のある工事会社が相見積もりに参加してくる可能性もありますから、多少のハードルは必要かもしれません。特に関東地方では技術力の低い会社が増えていますから、多少のハードルは必要でしょう。

第2章

しかし、入札のハードルを上げれば上げるほど、工事価格も上がるという相関関係があることも事実です。

また、相見積もりに参加できるハードルを上げると、工事会社が絞られてしまうため「談合」のリスクが高まります。

大規模修繕工事では、コンサルタントと蜜月の関係にある工事会社同士が連絡を取り合って、事前にどの会社が工事を受注するかを決める**「調整型の談合」**が行われている現場があります。また、工事金額が安い会社を排除しようとする**「排除型の談合」**も頻繁に行われています。入札のハードルを厳しく設定することは、まさに「排除型の談合」そのものといえるでしょう。「談合」によって工事価格が不当に引き上げられることを阻止するためには、相見積もりのハードルは低めに設定しておいた方が良いと思われます。具体的には大規模修繕工事の工事実績が年間5件以上あれば十分なのではないでしょうか。

そして、2〜4週間くらいの期限を切って、相見積もりへの参加を希望する工事会社に対して、「会社案内と工事実績表を理事長宛に送付してください」と依頼すれば良いでしょう。

column 暗躍するコンサルタント（設計監理方式）

悪質なコンサルタントにとって、工事会社の選定は**「キックバック」**に直結する重要なもので、売上高の大半を占める「ドル箱」といわれています。そのため、コンサルタントは紐付きの工事会社しか参加できないような様々な条件をつけて、相見積もりに参加できる条件（ハードル）を上げる傾向があります。

たとえば、業歴●年以上、資本金●億円以上、売上高●億円以上、有資格者●名以上、一級建築施工管理技士の常駐、本店所在

地が○○内、大規模修繕工事の実績が年間●件以上、経営事項審査●点以上、国土交通大臣の許可、ISOの取得、などです。

　コンサルタントの条件を鵜呑みにすると、超がつくほどの大企業しか参加できなくなることも珍しくありません。ずいぶん前ですが、コンサルタントが理事会に助言したハードルをクリアしている会社は、世の中に3社しかないというマンションがありました。もちろん、この3社がコンサルタントと癒着している噂は業界では有名でした。

　暗躍するコンサルタントにとっては、キックバックが得られるかどうかは死活問題です。そのため、紐付きの工事会社が受注できるように、「工事会社が潰れたら大変ですよ……」など、もっともらしい理由をつけて、相見積もりに参加する工事会社のハードルを上げようとするのです。

　しかし、バブル崩壊後の日本経済を経験してきた私たちは、会社規模・会社の知名度・会社の歴史がどれだけ優れていても「潰れるときは一瞬」という厳しい現実を嫌というほど見てきました。また、大きな会社ほど人件費が足枷になって逆風に弱いことも知っています。立派な肩書や大会社の看板を背負っていても、能力や人柄などに不安を感じる人がいることも経験済みなのです。

　入札のハードルを上げることで工事会社を選ぶのではなく、会社の実態やスタッフの人間性を見ることの方が大切です。工事会社の取捨選択は、相見積もりの会社を公募する段階ではなく、最終段階で行っても遅くはありません。

　「狭き門より入りなさい、……」というマタイの一節とは真逆の方が、大規模修繕工事の公募の段階ではうまくいくようです。

column

第2章

2-❷ 相見積もりの会社の決定

相見積もりへの参加の希望が、工事会社からマンションに送られてきたタイミングで、理事会・修繕委員会を開催し、相見積もりを依頼する工事会社を決定する段階へと進みます。

会社案内などを見ながら、どの会社が良いか考えるわけですが、この時点でも、あまりに厳しく精査するのではなく、3〜8社程度に絞るくらいを目安とすれば良いと思います。

設計監理方式の場合、コンサルタントが低価格の会社を排除しようとする傾向がありますが、無視しても良いでしょう。

ちなみに、私が経営していた会社は、価格競争で負けたことがほとんどありませんでしたので、コンサルタントの中には、「あの会社は海外事業がメインで、国内事業は熱心じゃないみたいですよ」とか、ひどいときには「あの社長（私のこと）は反社会的勢力だと聞いたことがありますから、やめた方がいいですよ」などと虚偽の情報を理事会で流布され、相見積もりに参加させてもらえないこともありました。コンサルタントにとっては、紐付きの工事会社が、大規模修繕工事を受注しなければキックバックが貰えないわけですから必死なのです。

相見積もりの段階では、出来るだけ多くの会社に参加してもらうことによって選択肢が増えますから、その方がマンションにとってプラスになると思われます。

column 虚偽の情報の裏を取ることの難しさ

私が経営していた会社は、「新入社員の研修はカンボジアに

地雷撤去に行く」という漆黒の企業風土がありました。当時はそれが面白いと感じるスタッフも多く、トライアスロンの元日本チャンピオンを始め、個性的な人々が集まっていました。

　そんなメンバーでいつものように地雷撤去をしていると、カンボジア政府から連絡があり、「アンコールワットでトライアスロンの大会を開催したい、協力してくれないか」と要請があったのです。水質浄化などいくつかの課題をクリアし、日本の経済産業省や、カンボジア政府・ユネスコなどのお墨付きを得て、2010年3月に開催にこぎつけました。

　余談ですが、話を聞きつけたタレントの猫ひろしさんから連絡があり、カンボジアのオリンピック委員会をご紹介すると、その後、彼は同国のマラソン代表としてリオ五輪に出場するなど活躍されました。

　私の役目は、トライアスロンの大会を開催して、そのノウハウをカンボジア政府にお譲りすることでしたので、大会が閉幕して一息つくと、元通り「社員研修がハードな」大規模修繕工事を専門とする会社に戻りました。

　ところが、一連の報道を見たいくつかのコンサルタントは、マンションの管理組合・理事会・修繕委員会に対して、「ぷらす・あるふぁ社は、カンボジアでトライアスロンをすることに熱心で、国内事業はしていないみたいですよ。猫ひろしさんのニュースを見たでしょ。あんな会社に工事を頼んだら、トンデモないことになりますよ」と、よく分からない情報が流され、このネガティブキャンペーンによって、暫くの間、相見積もりに参加することすらできなかった経験があります。

　コンサルタントに隙を見せてしまったことを反省しましたが、それと同時に、情報が虚偽か真実かを判断してもらうことの難

第2章

しさにも直面した瞬間でした。

　コンサルタントや管理会社の言葉には多少のフィルターをかけることも必要なのかもしれません。

___column___

アンコールワット国際トライアスロン大会で日本人1位の猫ひろしさんとプレゼンターの北村晴男弁護士、後方は日本人2位の著者

2-❸　工事会社による現地確認

　さて、マンション管理組合・理事会・修繕委員会で、相見積もりに参加する工事会社を決定すると、次は、それらの工事会社による現地確認へと進みます。工事会社の担当者が、みなさまのマンションにやってきて、細かくチェックするのです。

　現地確認の日程が集中しないように、理事長からそれぞれの工事会社宛に、現地確認の日程を1週間程度の期限を設けてメールかファックスで伝えておくとスムーズに進みます。工事会社が現地でバッティングすると、「調整型の談合」へと発展する可能性がありますので、鉢合わせしないような配慮が必要です。

　現地確認の際は、屋上など鍵がなければ入れない箇所が多数あると思われますので、管理人さんが勤務している時間帯に現地確認してもらうことがベストですが、工事会社と直接話をしたいときや、管理人さんがいないマンションでは、休日に理事会などのメンバーが現地確認の立ち会いをすることもあります。

　なお、現地確認の際には、1-❸「設計」で成果物として受け取った「**明細書**（共通仕様に基づく統一明細書）」の金額を抜いたもの、「**仕様書**（共通仕様書）」のほかに、「**建物の図面のコピー**」と「**見積概要書**」の4点セットを渡すことが慣習となっています。

「建物の図面のコピー」は管理組合側で印刷することが面倒であれば、工事会社に閲覧または貸し出しすることも可能ですが、複数の工事会社が奪い合う事態も想定されますので、「図面は当日中に返却する」などのルールを決めておくと良いでしょう。

「見積概要書」には、工事の予定時期（※）、見積書の提出期限、

第2章

見積書の提出先と部数、見積書以外の提出書類（担当者の名刺や連絡先、工事予定表）などを明記します。また質疑がある場合の質疑の期限と回答予定日も明記すると良いでしょう。

　ちなみに、見積書の提出期限は、現地確認の期間の最終日から1ヶ月程度が一般的です。その前に質疑を受付けることが多く、その場合は現地確認から2週間後に質疑の受付け、質疑受付けから3日前後で質疑の回答、質疑の回答から2週間程度先が見積書の提出期限とするのが一般的です。

見積書提出までの一般的な日程

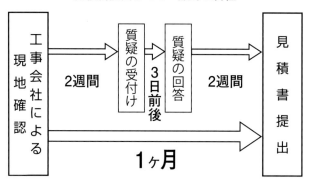

※近年は建築資材の高騰が激しいため、6ヶ月以上先の物価の変動を読めない傾向があります。そのため、工事の予定時期は半年以内とした方が良いと思われます。もし、工事の予定時期が半年以上先の場合は、一旦工事会社を決めた後に、その会社から物価変動による増額分について再見積もりを取得することが一般的です。

column 危険な兆候

たまにコンサルタントから理事会に対して「仮設計画図」も提出させるべきだというアドバイスが入ることもありますが、「仮設計画図」の作成は通常10万円前後の費用が掛かりますから、工事が決まっていない段階で提出を求めることは工事会社に過度な負担となります。

逆にそのような経済的な負担のある仮設計画図の提出を求めるということは、「コンサルタントと繋がっている工事会社がいるのかも？」と警戒した方が良いのかもしれません。

column 現地確認に来る人数と回数

多くの工事会社の現地確認は、まず営業と技術の担当者2名で現地を訪問し、その後、別の日に専門工事会社を連れて再度現地確認する「2段階・大人数方式」で行われます。

しかし、本当に現地確認にそんなにたくさんのスタッフが何度も足を運ぶ必要があるのでしょうか？

私の経験上、すべての工事を把握している優秀な現場監督1名が現地確認すれば十分で、逆に大勢のスタッフを引き連れている会社を見ると、「一人じゃ何も決められないのかな？ 技術力が低いのかもしれない？」と心配になることもあります。

管理組合・理事会・修繕委員会の中には、ごく稀に「●●社は6人で来た！ 熱心だ！ あの会社に決めよう！」という方もおられますが、人数と回数は関係ないように思われます。

column

第2章

2-4 見積書の開封

　封緘されて届いた見積書をマンションの理事会・修繕委員会で一斉に開封します。必ず未開封のまま保管しておいてください。

　以前、定年退職された理事が、「僕には時間があるから」と、親切心で事前に開封して一覧表を作成すると、他の理事から「見積書を差し替えたんじゃないか!?」と疑いの目を向けられたことがありました。理事会は紛糾し、結局、工事が2年も延期したのです。親切心からの行動でも後々大きなトラブルの種になることもありますので、「事前開封」は避けるべきでしょう。

　開封したそれぞれの工事会社の見積書は、まずはその場で金額だけを確認し、後日、理事会・修繕委員会のメンバーで回覧することが一般的です。

　見積書の比較表を作成することもお薦めです。

	A社	B社	C社
共通仮設工事	100万円	150万円	50万円
直接仮設工事	1000万円	1200万円	800万円
下地補修工事	300万円 (実数精算)	100万円 (実数精算)	300万円 (金額固定)
シーリング工事	400万円	350万円	500万円
塗　装　工　事	1200万円	1100万円	1300万円
防　水　工　事	900万円	950万円	1100万円
諸　経　費	600万円	650万円	450万円
合　計	4500万円	4500万円	4500万円

※工事項目には、工事会社の力の入れ具合や得手不得手が現れます。

すべての工事会社の見積書・比較表を理事のメンバーが回覧などで確認したタイミングで、再び理事会・修繕委員会を開催し、相見積もりの会社の中から2～5社程度を選んで、どんな工事をするのか、どんな特徴の会社なのかを直接聞いてみる段階へと進みます。これを**ヒアリング**といいます。

　通常は金額の安い順に数社選びますが、プライスレスな魅力のある会社があった場合には、そのような会社を含めた方が良いでしょう。

　そして、理事会・修繕委員会においてヒアリングの候補日をいくつか決めるとともに、工事会社にはヒアリングに選ばれたことを通知し、メールで日程調整を行います。

　大規模修繕工事は、不思議と時期が被っている関係で、ヒアリングの時期も集中します。

「俺たちは発注する側なんだから有り難く思え、スケジュールを合わせろ！」的なスタイルで望むと、良い会社が離れる可能性もあります。ある程度の歩み寄りも必要かもしれません。

　ヒアリングの時間は、1社あたりプレゼン40分、質疑10分、入れ代わりと休憩が10分で、1時間に1社というのが一般的です。ヒアリングで話を聞く会社の数は管理組合のみなさまのスケジュールと体力次第ですが、通常は2～5社程度でしょう。

　ヒアリングは理事会だけで行う場合もありますが、工事会社の選考過程は透明性が高い方が後々のトラブル防止になりますので、マンション管理組合の全員に対してヒアリングがあることを告知した上で開催した方が良いと思われます。

　マンションの中にはすべての区分所有者に告知して、臨時総会でヒアリングを開催するケースもあります。

2-❺ ヒアリング

　ヒアリングでは、それぞれの会社が、自分たちはどんな会社で、どんな工事を実施するのかをマンション管理組合・理事会・修繕委員会にアピールします。アピールタイムは、前述のようにプレゼン40分、質疑10分というのが一般的ですが、パワーポイントを使用する場合、準備の関係でプレゼンの時間は少し長くなるようです（45分程度）。

　もし、工事会社に確認したいことがあらかじめ分かっている場合は、事前に各社に質問状を出しておいて、プレゼンに盛り込んでもらうと良いでしょう。

　ところで、工事会社が行うプレゼンは、概してマンション管理組合・理事会・修繕委員会からの評判は芳しくないようです。理由は、2つあります。

　1つ目は、日本のビジネスシーンでは、2010年頃を境に、「インパクトプレゼン」が主流となっていますが、工事会社のプレゼンの多くは、昭和のOHPシート型のプレゼンを踏襲しているため、TEDやZENに慣れ親しんだ現代のビジネスパーソンから見ると、時代遅れで退屈に感じるからだといわれています。

　2つ目の理由は、ほとんどの工事会社は、管理組合からのリクエストがない場合、まるで新卒採用の企業説明会のように、「会社規模・工事実績などの会社概要」をアピールし、その後「一般的な工事の進め方」を説明することが多いからでしょう。そもそも「一般的な工事の進め方」は、工事決定後に「工事説明会」において話される内容ですから場違いな感は否めませんし、「会社概要」も確かに管理組合にとっては知りたいテーマの一

つではありますが、その性質上、長時間、人を惹きつけることには限界があるのです。

　管理組合が、会社概要と同等かそれ以上に知りたいのは、「会社の技術的な特徴」だと思われますから、多くのヒアリング会場において、マンション管理組合・理事会・修繕委員会が欲しい情報が得られないという問題が生じているのです。

　より効果的に他社と比較検討するためには、ヒアリングにおいて、
「他の会社にはない、貴社独自の技術やサービスは何ですか？」
と質問することが効果的ではないでしょうか。

column　ヒアリングで値下げ交渉を行うべきか？

　ヒアリングにおいて、「あとどれくらい値引きできますか？」と質問されることがあります。マンション管理組合としては、少しでも安い金額で発注したいという気持ちがあるのは当然ですが、入札とは、本来一回限りのものであり、値引き交渉があることを前提としていません。

　そのため、「もしヒアリングの場で『値引きできますか？』と質問された場合には、誰かが特定の工事会社と繋がっていると思え！」というのが業界の常識になっています。

　つまり、ヒアリングに出席したすべての工事会社の金額を把握している人（管理会社、コンサルタント、一部の区分所有者）が、特定の工事会社に他の工事会社の見積もり金額をあらかじめ伝え、最後に逆転ホームランをかっ飛ばそうと画策しているからこそ、値下げを要求すると考えられているのです。

　以前、ヒアリングにおいて、「20％値下げします！」と提案す

る会社がありました。金額にして1200万円程度の値下げです。この値下げによって、ヒアリング前は最高値だった工事会社が、ヒアリング後に最安値に躍り出ました。

値下げした会社が管理会社であったため、管理会社を推す理事のメンバーは、

「こんなにも値下げするなんて誠意を感じる。管理会社に発注すべきだ」

と主張しましたが、他の理事から、

「今頃になって20％も値下げするなら、最初の見積もりは何だったのでしょう？」

「もしかして、私たちからボッタくろうとしていたのではありませんか？」

と、最初に提出した見積書との違いから、会社の信頼性の問題へと飛び火する事態になりました。

さらに、別の理事から

「大規模修繕工事は金額が決まってから工事をするものですから、安い金額で決めておいて、その金額に合うような手抜き工事をするつもりなんじゃありませんか？」

と詰め寄られ、最終的に、値下げした管理会社が失格となったケースがありました。

入札には、ジャンケンと同じように「後出し禁止」というルールがあります。

「後出し」的な性格を持つ最終値引きの提案は、ヒアリングの場に相応しいものではありません。

値引きについては、工事会社が決定した後で、工事会社と個別に行うことが業界的なルールなのです。

column

2-❻ 工事会社の決定

　ヒアリングが終了すると、そのままの流れで、工事会社を内定（理事会での決定）する段階へと進みます。「鉄は熱いうちに打て！」の精神で、ヒアリングから内定までは早い方が良く、当日に決めることが通常です。

　余談ですが、コンサルタントや管理会社は、ヒアリング会場での雰囲気が、自分達の紐付きの工事会社に逆風だと感じた場合には、投票結果を改竄（かいざん）することもあるようです。

　また、「欠席者の意見も聞くべきだ」と主張して、再投票へと誘導することもあります。もちろん、再投票の際には特定の工事会社へと誘導するような仕掛けが盛り込まれます。

　このような弊害を排除するために、一般的には、ヒアリング直後の理事会で、工事会社を内定し、最終決定は「総会」の決議で工事会社を決めるというのが公明正大な手続きといえるでしょう。

---

column　紐付きの工事会社に決まらなかった場合のコンサルタントや管理会社の行動パターン

　工事会社からのキックバックで生計を立てているコンサルタントの多くは、ヒアリングに参加するすべての工事会社に事前に根回しをして、どの会社が受注してもキックバックが貰えるように「仕込み」を行っているようです。

　工事会社もそのあたりは心得ていて、事前に「キックバックは何％ですか？」とコンサルタントに確認の電話を入れること

第2章

も珍しくありません。

しかし、中にはキックバックを拒絶する硬派な工事会社もいます。そのような工事会社が登場した場合、コンサルタントは次の3つのどれかの行動をとることが多いようです。

其の壱　辞退

ヒアリングにおいて、コンサルタントの紐付きの工事会社への風当たりが厳しくなった場合、コンサルタントが最後の賭けに出ることがあります。

たとえば、「もしこの会社に決まったら、私は工事監理を辞退します」と表明するパターンです。マンション管理組合・理事会・修繕委員会としては、設計監理方式に決まってから1年近くもの長きにわたって苦楽を共にしてきたコンサルタントが突然「辞退する」といい始めると、「工事を監理する人がいなくなる！」という不安に襲われます。コンサルタントの辞退表明は、いわば「脅迫」に近いような暴挙ですが、そうまでしても紐付きの工事会社に受注させたいという思いが強いのでしょう。

コンサルタントにとっては、マンション管理組合・理事会・修繕委員会が「脅迫」に屈して、紐付きの工事会社を選んでくれたら万々歳ですし、仮に「脅迫」を撥ねつけて、別の工事会社に決めたとしても、長期間拘束される工事監理をキックバックなしに行うことは、美味しくありませんから、契約を解除されても、痛くも痒くもないというのが本音なのです。

このような脅迫に屈する管理組合も少しはいるようですが、「辞退表明イコール工事会社との癒着」という事実に気付くことが多いため、ほとんどの場合、コンサルタントの辞退（契約解除）・返金という形で幕を閉じているようです。

其の弐　嫌がらせ

最も多いのが、コンサルタントによる「嫌がらせ」でしょう。

重箱の隅をつついて執拗な嫌がらせを繰り返し、「(嫌がらせを)止めてほしいならキックバックを支払え！」と工事会社に露骨に要求する悪質なコンサルタントもいます。

嘘のような話ですが、10年くらい前、管理戸数ランキングでトップ10に入っているような超大手の管理会社が大規模修繕工事のコンサルタントを行っていたマンションで、キックバックに応じない当社の現場監督を5階の足場から突き落とす事件がありました。幸い足場から数メートル下のバルコニーに落下したので一命を取り留めましたが、119番の救急隊員が負傷した現場監督を担架に固定して足場の中を運ぶ姿を複雑な思いで見守っていました。

銭ゲバ系コンサルタントのお金への執着は世間の人が思っている以上に凄まじいのです。

また、管理会社が「兵糧攻め系の嫌がらせ」をすることも珍しくありません。管理会社が推している工事会社が選ばれず、別の工事会社が大規模修繕工事を受注した場合、管理会社にとっては「憎っくき工事会社」となるわけですから、契約上の支払日にワザと支払いをしなかったり、支払い手続きを遅らせるといったことは珍しくないのです。

このような場合、管理会社は「社内の手続き上、契約日の支払いが間に合いませんでした。1ヶ月後にお支払いします」という常套文句で逃げようとするのですが、契約を遵守できない管理会社が1ヶ月後に必ず支払う保証はないため、中には工事がストップし、緊急理事会が開催されるマンションもあるのです。管理組合にとっては、とんでもないトバッチリです。

其の参　紳士的な対応

本来のコンサルタントの役割は、工事会社がどこに決まろうと、管理組合のために誠心誠意、工事監理を行うことにあります。いわば紳士的な対応です。

そのような常識的なコンサルタントが圧倒的多数と信じたいものですが、意外なほど少ないという印象があります。

column 工事会社の決定から工事着工までの期間

工事会社が決定したからといって、直ちに大規模修繕工事に着手できるわけではありません。

高さ10メートル以上の足場を60日以上設置する場合には、労働基準監督署に30日前に届け出る必要があるからです。

通常、契約書の作成に1週間、労働基準監督署に提出する資料の作成に3週間程度掛かりますから、マンションの通常総会などで工事会社が決定したとしても、大規模修繕工事に着工できるのは2ヶ月程度先というのが一般的なのです。

もちろん、室内に雨漏りしているなどの緊急の場合は、労働基準監督署も四角四面に30日前に届け出をしなさいということはありませんし、足場の設置期間が短い場合や足場が低い場合には届け出は不要です。

しかし、それでも工事説明会など居住者に告知する期間は必要です。また、第4章で述べますが、工事着工前にはタイルの特注焼きなどの準備も必要です。

大規模修繕工事は余裕をもって準備し、2ヶ月くらい前までに総会で決定することが望ましいといえるでしょう。

3　工事の実施

大規模修繕工事の1stステージ**「準備」**の段階、2ndステージ**「工事会社の選定」**の段階を経て、いよいよ3rdステージの**「実施」**する段階に移ります。

3-❶　施工・引渡し

総会決議によって工事会社が決定すると、その工事会社と管理組合（理事長名）が契約を結び、大規模修繕工事が行われます。

工事は工事会社の指揮監督の下に進められ、途中、工事会社と管理組合が一緒になって工事の出来栄えを確認していきます。

この工事の確認は、アンケートや現場の立ち合いなどの方法で行われますが、一般的には、足場解体前に1回、引渡し前に1回、合計2回行われます（設計監理方式では、コンサルタントが週に1回程度の工事監理を行い、かつ、竣工時にも工事の完了確認を行います）。

こうして大規模修繕工事が終了し、引渡しが行われるのです。

3-❷　アフター保証

大規模修繕工事は、契約工事が終了し、引渡しを終えれば完了となります。

しかし、それでマンション管理組合と工事会社とのご縁がすべて切れるわけではありません。工事完了の翌日からアフター保証が始まるのです。

ここではアフター保証について、詳述します。

第2章

● 保証責任の主体 ●

大規模修繕工事では、通常それぞれの工事について、元請けの工事会社と、工事を施工した専門工事会社と、材料メーカーの3者が連名で工事の保証を行います。

とはいえ、万一工事後に不具合が発生したとしても、メーカーが関与することは稀で、ほとんどの場合、工事を施工した会社（元請け会社ではなく下請け会社）が保証工事を行います。

● 保証内容 ●

区分所有者の中には、保証＝「不具合があればすべて無償で手直し」と思われる方もいるかもしれませんが、そうではありません。

たとえば、外壁や天井の塗装工事は「著しい変色や退色」が保証対象で、防水工事やシーリング工事の保証対象は「漏水」ですから、それ以外の不具合は保証対象外となります。

● 保証期間 ●

保証には期間があります。一般的には、屋上防水10年、バルコニーなどの防水5年、外壁5年、天井3年、鉄部2年、シーリング3年などです。

保証期間が問題となるケースとして、たとえば、10年の屋上防水の保証に対して、6年目に最上階のお部屋に雨漏りがあったケースがあります。雨漏りの原因箇所が屋上にあれば10年間の保証期間内ですが、外壁の窓まわりのシーリングが破断して漏水したのであれば、シーリングの保証期間は通常3年ですから、6年が経過したこのケースでは保証対象外となります。

● 延長保証について ●

元請け会社の中には、メーカーとの連名での保証期間を超えて、単独で、延長保証を行っている会社もあります。それだけ技術力に自信があるのでしょう。

ただ、延長保証は無償で行っている会社と有償で行っている会社があり、管理会社や管理会社系列の工事会社では、有償で「延長保証」を行っているケースが多いようです。

column アフター保証 〜点検方式と連絡方式〜

大規模修繕工事のアフター点検をどのように行うかについては、「点検方式」と「連絡方式」の2種類があります。

「点検方式」とは、1年目、2年目、3年目、5年目などの節目に、工事会社が全戸に点検のアンケートを配布し、居住者が不具合と考える箇所のうち、アフター保証の対象となる不具合を是正する方式です。

いわば工事会社の方から積極的に「アフター工事をしますよ！」とアクションを起こす方式です。

これに対し「連絡方式」とは、不具合が発生した場合に、居住者が管理会社経由で不具合の連絡を行い、工事会社がその都度それを確認し是正する方式です。いわば受動的に「不具合が発生したら何時でも直しますので仰ってください！」という方式です。

少し前までは、「点検方式」が主流でしたが、最近では、技術力に自信のある工事会社は「連絡方式」、管理会社系列の工事会社や設計監理方式の場合は「点検方式」という棲み分けができ

第2章

つつあります。

「連絡方式」が増えてきた背景としては、「雨漏り」などで建物内部に水が入った場合、建物の寿命を縮める悪影響があるにもかかわらず、保証の点検のタイミングまで待たなければならない「点検方式」は、管理組合にとってプラスにならないと考えられるようになったからだといわれています。

また、「点検方式」を採用する会社は、アフター点検を専業とするスタッフを配置することが多く、その人件費が反映されて工事価格が高額化する傾向が強いことも「連絡方式」が増えている理由の一つでしょう。

さらに、マンション管理組合の理事は定期的に交代するうえ、管理会社の担当者も頻繁に交代します。そのため、管理会社と無関係の工事会社にとっては「点検方式」をとりたくても、誰に連絡したら良いか不明な場合が多いという問題もあります。

管理会社の中には、「管理会社は管理しているから逃げませんが、工事会社は工事が終わったら連絡が取れなくなる場合もあります。管理会社は安心ですよ！」とアピールして、大規模修繕工事の受注への切り札とする動きもあるようですが、アフター保証で最も重要なのは、スピーディにアフター保証の対応をし、迅速に不具合を改善することですから、管理会社だからといって、初動が早いだけで、いつまで経っても不具合を解決できないのであれば、「アフター保証」の意味がありません。

「点検方式」か「連絡方式」か、どちらが適切かという議論よりも、どれだけ軽いフットワークで問題を解決する能力があるかの方が重要ではないでしょうか。

その意味で、第4章の「雨漏り」への対応力が重要です。

column

第3章

大規模修繕工事の工事価格を削減する3つの法則

第*3*章

いよいよ本題です。

本章では、大規模修繕工事の工事価格を削減することを可能にする、3つの法則について詳述します。

1 住民参加方式を採用する

大規模修繕工事の工事価格を削減する法則の1番目は、<u>「住民参加方式」</u>を採用することです。

第2章で詳述した通り、大規模修繕工事の進め方には、「責任施工方式」と「設計監理方式」と「住民参加方式」があり、このうち設計監理方式では、悪質なコンサルタントが介在すると、想像以上にお金が掛かることをお話ししました。

また、同じく第2章では、「(悪質な)コンサルタントが工事会社から受け取るキックバックは、工事金額の10％程度」と控え目にお話ししましたが、コンサルタントの中には工事金額の20％〜30％のキックバックを工事会社に要求する不逞の輩もいるようです。

コンサルタントにキックバックとして支払われるお金は、すべて大規模修繕工事の工事費用から出ているわけですから、マンション管理組合にとっては、工事に使ってほしい修繕積立金が、知らないうちにコンサルタントの懐に入っていることに嫌悪感を示す方も多いと思われます。

そのため、工事会社からコンサルタントへのキックバックの事実が明るみになるや否や、マスコミでも大きく取り上げられるようになり、国交省が警鐘を鳴らすほどの大きな社会問題となったのです。

とはいえ、大規模修繕工事にコンサルタントが介入すれば、

マンション管理組合・理事会・修繕委員会にとっては、「負担軽減・品質の向上・責任回避」という3つの効果が期待できるため、大変魅力的であることも事実です。

そのため、コンサルタントが多額のキックバックを受け取っていたとしても、その金銭に見合うほどの「価値のある仕事」をしていれば、「設計監理方式」を採用するという考えにも一定の理解が得られるのかもしれません。

しかし、コンサルタントについて知れば知るほど、「価値のある仕事」とは程遠い実態が浮き彫りになり、次第に「コンサルタント不要論」に近づいていくような印象を受けます。

1-❶ コンサルタントの責任

大規模修繕工事の工事会社は最長で10年間の工事保証の責任を負いますが、コンサルタントは何かを保証するわけではありません。

また、工事会社は不具合が発生するような工事をすれば、将来的に自社が不利益を被るため、最善を尽くします。不具合の程度にもよりますが、悪い仕事をすれば数百万円規模の無償の手直しを行う場合もあるでしょうし、世間の悪評などによって強い逆風が吹いた場合には、会社存亡の危機に追い込まれることもあるでしょう。

これに対して、コンサルタントは、たとえいい加減な工事監理をして不具合が発生したとしても、不具合を是正する責任を負うことはありません。

また、不適切な工事によって評判が落ちるのは、工事会社だけで、コンサルタントが大きく評判を落とすこともありません。

第3章

column コンサルタントの設計責任

　私の修業時代の話です。

　コンサルタントが積算(「数量を計算すること」の意)した足場の数量が、実際の数量よりも2000㎡少ないことが判明しました。元請け会社は大手ゼネコンで、2000㎡の足場の設置費用は約500万円掛かります。

　マンションの修繕積立金の会計が赤字寸前だったため、管理組合・理事会・修繕委員会としては、無償で2000㎡分の足場を設置してほしいと考えていましたが、工事会社にとって500万円もの大金は、無償でのサービスが可能な範囲を超えており、首を縦には振れません。

　コンサルタントの言い分は、「積算した数量は、『あくまで参考数量』であり、『工事会社がそれぞれ独自に積算し直すこと』と、共通仕様書に明記していたため、コンサルタントに非はなく、悪いのは積算をやり直さなかった工事会社である」というものでした。この責任を転嫁する言い分によって、工事会社も堪忍袋の緒が切れたようです。「キックバックしているのに人のせいにする気か!」と沸騰したまま、落とし所が見つからず、泥沼化してしまったのです。

　互いの主張が平行線だったため、急遽、臨時総会が開催され、喧々諤々の末に、

「コンサルタントは、マンション管理組合から積算業務の対価として、数十万円のお金を貰っているにもかかわらず、『あくまで参考数量』と呼べるものしか作成しないのは、責任感が欠如しすぎではないのか」

「相見積もりをするために、コンサルタントにお金を払って明

細書を作成してもらったのに、それは『あくまで参考』でしかなく、工事会社が積算し直さなければならないのであれば、工事会社ごとに数量が異なる（責任施工方式のような）事態を招くことになり、相見積もりができなくなる。これではコンサルタントの存在意義がなくなるのではないのか」

といった意見が、マンション管理組合の多数を占めるようになりました。

結局、そのマンションの大規模修繕工事は、コンサルタントが見落としていた約2000㎡に相当するエレベーター棟の工事を3年後に先送りすることで決着しました。

ただ、工事が先送りになったことは、マンション管理組合にとってプラスマイナスがゼロになったというわけではありません。3年後には現場管理費や諸経費などの費用が、もう一度必要になりますから数百万円のマイナスです。人件費や材料費が高騰した場合、その分の費用も管理組合にとってマイナスとなるでしょう。

結局、そのマンションでは、コンサルタントの見落としによって余分に費用が発生することになったわけですが、その費用は、マンション管理組合が負担することになり、コンサルタントが責任を負うことはなかったのです。

column

1-❷　コンサルタントの技術力

コンサルタントの多くが一級建築士などの資格を保有していますが、大規模修繕工事は極めてニッチな分野であり、「一級建

第3章

築士」としての知識や経験を発揮できるシーンは極めて限定的です。そもそも建築関係の資格は、新築工事を前提としているため、大規模修繕工事で役に立つ知識はそれほど多くはないのです。そのため、たとえば、

「100平米の外壁を塗るのに塗料は何缶必要ですか？」
「200平米の屋上防水に防水材は何缶必要ですか？」
「300mのシールの打替えにシール材は何セット必要ですか？」

そんな質問に答えられるコンサルタントは皆無に等しく、そのようなコンサルタントが材料置場の前を通っても適正な缶数のチェックは難しいのかもしれません。

以前、千葉県の現場で、ペンキ職人が「白色が明るすぎるので、2回塗りでは下地が透けてしまいます。もう1回余分に塗りますので、その分の追加費用をください」と話す現場がありました。このような場合、ほとんどのコンサルタントは、透けた下地を確認して、「仕方がない、お客様に話してみよう」となるのですが、優秀なコンサルタントであれば、1回目を塗り終わった段階で、塗料の缶数をチェックし、規定量が塗られているかを確認するでしょう。1回目を塗る前に、透け防止のため、あらかじめ適切な指示を出すことも欠かさないと思われます。

実際、その現場ではペンキ職人が作業効率を上げるために塗料を薄めて、規定量を大きく下回る量しか材料を使っていなかったようです。

優秀なコンサルタントであれば、「追加費用の話」など一蹴して、無償で手直し工事をさせると思いますが、平均的なコンサルタントであれば、マンション管理組合に「追加費用」の話を提案するでしょう。コンサルタントに技術力がなければ、管理組合は不利益を被ることになるのです。

1-❸ コンサルタントのコミュニケーション能力

　コンサルタントという職業は、知識と経験が豊富なだけでは務まりません。現場でいかに適切にアドバイスを行い、職人や工事会社に高品質の工事を「実施させる」かが重要なのです。
　しかし、多くのコンサルタントは、
「(ちゃんと)言ったけど、監督がいうことを聞かないんだよ」
とか、
「(ちゃんと)言ったけど、職人のレベルが低くて理解できないんだよ」など、
「言った」ことを重視する傾向が強いように感じます。週に1回程度の巡回では仕方ないとはいえ、マンション管理組合・理事会・修繕委員会がコンサルタントに求めるのは、「何を言ったか」ではなく、「何をさせたか」ですから、物足りないと感じることが多いようです。
　以前、「鬼コンサルタント」の異名を持ち、「出来の悪い職人を建設業界から追放することが私のライフワークだ」と豪語するコンサルタントがいました。
　不適切な職人を見つけると、頭ごなしに怒鳴りつけて罵倒し、人格を否定してトラウマを作るほどの鬼神です。昭和の建設現場にはそんな管理者も結構いて、恨みを買って夜中に現場事務所が襲撃されるといったエピソードを聞いたこともあります。
　しかし、「褒められて育つ」に慣れている現代っ子の職人には過激すぎるのでしょう。「あのコンサルタントが怖い、あの現場には入りたくない」とボイコットされるようになり、やがて鬼コンサルタントの現場には未熟な職人がたらい回しに入ってく

ることになりました。結果、工期は数ヶ月遅れ、作業員の手配で出費が膨らんだ工事会社は倒産寸前に追い込まれたのです。

もちろん、品質もイマイチだったことはいうまでもありません。

マンション管理組合・理事会・修繕委員会が、コンサルタントに期待することの一つに、「作業員に厳しく指導して、高い品質の工事を実現し、資産価値の高いマンションに生まれ変わらせてほしい！」という願望があるかもしれませんが、令和の現場ではコンサルタントが厳しすぎる場合、「品質向上・資産価値の向上」という成果とは真逆の結果を生んでしまうようです。

column 優秀な現場監督のコミュニケーション能力

「コンサルタント」のコミュニケーション能力の話をすると、必ず比較されるのが「現場監督」のコミュニケーション能力です。

優秀な現場監督の中には、毎月1冊以上ビジネス書を愛読する人もいます。最近では職長クラスでも、車のダッシュボードの上にスタンフォード系のリーダーシップ本を置いて、空き時間に目を通すような意識高い系の職人も多いのです。

2016年ごろの話ですが、私の教え子が、ハーバード・ビジネス・レビューを片手に、「社長、これからは『ナッジ（※）』です。僕はナッジ理論で現場をおさめます！」と目を輝かせて話してきたことがありました。

※「ナッジ理論」
　ナッジ＝そっと小突く。頭ごなしや強制ではなく、さりげなく情報を与えることで、相手の感情に訴え、行動変容を導き出す手法。行動心理学がベースにあり、米国人研究者が同理論でノーベル経済学賞を受賞したことで有名になりました。

あまりの情熱に圧倒されましたが、実際、彼は「相手に気付きを与える管理スタイル」を率先し、たとえば、休憩時間に缶コーヒーを片手に「昔あの現場であんなトラブルがあったんだよねー」などと匂わせながら、今後の作業の注意点についてヤンワリと職人が気が付くように話をしたり、搬入されたトラックを見て、「○○が足りなそうだけど、今日の作業内容なら、□□までにした方が良いかもしれないね」と遠回しに指示するなどしていて、建設現場にありがちな「頭ごなし」の管理手法とは違うスタイルで現場をうまくおさめていました。

　もちろん、そんな穏やかな面ばかりではなく、行儀の悪い職人や、品質や安全に問題のある職人がいたら、烈火の如く怒ったり、退場させたりもしていたようです。

　現場監督には個性があり、監督によって現場のおさめ方は異なりますが、毎日顔を合わせる中で、信頼関係に基づいた人間関係が構築されていくのでしょう。

── *column* ──

1-④　まとめ

　設計監理方式を採用すれば、コンサルタントの存在によって、マンション管理組合・理事会・修繕委員会にとって、「負担軽減・品質の向上・責任回避」という3つの効果が期待できそうだということは、前述した通りです。

　しかし、平均的なコンサルタントの技術力（知識・経験・コミュニケーション能力）は、管理組合が期待するほど高くないため、「品質の向上」という効果は、幻想に終わる可能性が高いと

第3章

思われます。

　そうすると、設計監理方式のメリットは、マンション管理組合・理事会・修繕委員会の「負担軽減・責任回避」の２つだけになりそうですが、たとえコンサルタントに責任を転嫁することができたとしても、また、たとえ自らの負担を軽減することができたとしても、その結果、建物の資産価値が大きく損なわれてしまっては取り返しがつきません。

　しかも、その対価として支払わなければならないのは、工事金額の20％～30％もの高額な費用です。5000万円の大規模修繕工事なら、1000万円以上の金額が設計監理方式によって上乗せされる計算なのです。

　この工事金額の20％～30％を、高いと考えるか安いと考えるかは管理組合の懐事情や、マンション内の人間関係によって異なるでしょう。

　しかし、「大規模修繕工事の工事価格を削減する！」ことを目指すのであれば多少の手間は掛かりますが、「自分のことは自分でする」という自己責任の原則にのっとって、**住民参加方式**を採用することがベターではないでしょうか。

　住民参加方式を採用することによって、確実に工事価格を大きく削減することができるのです。

設計監理方式を採用すると……

◆ 工事価格は20％～30％アップ

◆ 品質が上がることはない（少ない）

➔ **住民参加方式の方が良い!!**

2 ポジションの異なる会社に相見積もりを依頼する

　大規模修繕工事の工事価格を削減する法則の2番目は、「業者選び」に関係します。

　平成の終わり頃のことですが、友人のマンションが大規模修繕工事を実施することになり、引退した私のもとへ金額をチェックしてほしいと連絡がありました。

　友人がいうには、「3社で相見積もりを行った。いずれも名前の通った有名な大企業である。金額はどこも似たり寄ったりだ。マンション管理組合の全員が納得できるのは数字だけだと思うから、最安値の会社に発注しようと思っている。この判断は正しいだろうか？」とのこと。

　友人のマンションは150世帯が暮らす12階建てのマンションで、見積もり金額は3社とも1億8000万円前後でした。

　不思議なもので、マンションの規模によって、相見積もりに参加する工事会社は、同じ価格帯の会社が集まる傾向があります。

　多くの人は、「相見積もり」を実施すれば、価格競争によって工事金額は下がると考えがちですが、それは「相見積もり」の会社のポジションにバラつきがある場合の話です。

　友人のマンションのように、**どれだけたくさんの会社から相見積もりをとったとしても、すべてが高価格帯の会社であれば、相見積もりの金額は似たような「高価格」となる**のです。

　なぜ、このようなことが起きるのでしょう？

　一番の原因は建設業界のピラミッド構造にあるといわれています。そこで、まずはピラミッド構造について、掘り下げたいと思います。

2-❶ ピラミッド構造

　日本では、ほとんどの業界で、古くからピラミッド構造と呼ばれる「多重請負構造」が確立されています。

　建設業界では、元請け→一次下請け→二次下請け→三次下請け→四次下請け（職人）と、まるでピラミッドのように、裾野にいくほど多くの中小零細企業が存在し、これらの多数の会社によって元請け会社が支えられているのです。

　ピラミッド構造や多重請負構造は、川の流れにたとえられることもあり、「上流では大量の水を享受できるが、下流には僅かな水しか届かない」と経済格差が揶揄されることもあります。

　メディアなどでは、ピラミッド構造が「下請けイジメ」の温床になっているといった批判も強く、マイナスのイメージがありますが、一方で批判に晒されながらも、長く存続していることも事実ですから、プラスの面もあるのです。下請けの中には「営業マンを1人雇うことを考えれば安い」と、ピラミッド構造は「営業代行」だと割り切っている経営者もいます。また、ピラミッド構造のおかげで労働災害が発生した場合の補償の充実につながっている側面もあるようです。

　ですから、すべてを否定するのではなく、「下請け」にとっても多少は存在意義があるシステムであると考えた方が良いのかもしれません。

　ここでは最初に大規模修繕工事の業界におけるピラミッド構造のBasicなパターンについて整理します。しかし、最近ではその変容形態も生まれていますので、Basicを押さえた後に、現代的変容について詳述したいと思います。

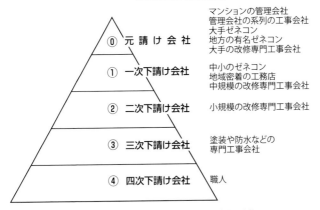

※③と④の間に「ブローカー」が入って、6層や7層になることもあります。
※④の下に「応援」が入って、6層や7層になることもあります。
※①が抜けたり、③と④が一体になって、4層になることもあります。

● 元請け会社 ●

　一般的に、大規模修繕工事で元請け会社となるのは、マンションの「管理会社」または「系列の工事会社」、あるいは「大手ゼネコン」や「地方の有名ゼネコン」、または、大規模修繕工事を専門とする「大手の改修専門工事会社」であるといわれています。

　もちろん、最近ではそれ以外の会社が元請け会社となることが増えていますが、ここではBasicなパターンで話を進めます。

● 一次下請け会社 ●

　元請け会社が要求するレベルの品質・安全を備えた工事を実施する能力があり、かつ会社規模や財務体質、元請け会社との特別な関係（人脈や金脈のほか、取引銀行の紹介）などで、元請

け会社の社内基準をクリアした会社が、一次下請け会社です。

一次下請け会社は、ほぼ丸投げに近い形で元請け会社から工事を発注されます。もちろん、建設業法の丸投げ禁止規定も上手にすり抜けます。一次下請け会社は「中小のゼネコン」や「地域密着の工務店」、「中規模の改修専門工事会社」が多いようです。

一般的には、元請け会社は、支店ごとに5～8社前後の一次下請け会社を登録しています。しかし、もし特定の一次下請け会社だけに発注が集中すると、担当者がその企業と癒着しているといった悪い噂が流れるおそれがありますし、リスクヘッジの観点からも特定の1社に工事が集中することは避けたいのが本音でしょう。

そのため、元請け会社は価格や技術力よりも、バランスを重視して一次下請け会社に工事を発注しているようです。つまり、元請け会社の内部で価格競争が行われているわけではありません。これもピラミッド構造によって工事価格が高くなる原因の一つといえるでしょう。

● 二次下請け会社 ●

一次下請け会社から、「工事のほとんどを丸投げ」されるのが二次下請け会社で、「小規模の改修専門工事会社」がこれに該当します。

つまり、元請け会社も、一次下請け会社も、法規制をすり抜けて工事のほとんどを丸投げしているのが実態なのです。

大規模修繕工事の現場監督は、通常は二次下請け会社の社員が務めますが、お客様の前では、元請け会社の制服を着用して、元請け会社の名刺を持って、元請け会社のスタッフのように振る舞うことが一般的です。

「工事のほとんどを丸投げ」されているわけですから、二次下請け会社の現場監督は、すべての工事に精通していなければなりません。また、技術力と適正価格を両立させている専門工事会社（三次下請け会社）と太いパイプを持っていることも必要です。そして、元請け会社の立場で居住者と話をできるレベルの建築知識とコミュニケーション能力も求められます。

要するに、二次下請け会社は、大規模修繕工事で必要とされる五つの管理項目（品質管理・工程管理・安全管理・予算管理・お客様対応）をすべてソツなくこなす能力と、下請け会社との強いパイプが必要なのです。いわば大規模修繕工事の成否の鍵を握っている重要な役割といえるでしょう。

● 三次下請け会社 ●

塗装工事や防水工事などを専門に行う工事会社が三次下請け会社にあたります。

三次下請け会社の主な業務は、「職人の手配」と「材料の手配」です。

どの現場にどの職人を配置すべきかを、建物の特性や職人の性格・技術力を見ながら割り振りします。「職人の手配」さえ間違えなければ、あとは二次下請け会社の現場監督が、職人と打ち合わせをしながら工事を進めますので、三次下請け会社の関係者が工事現場を訪れることはほとんどありません。

また、材料の手配も、三次下請け会社の重要な業務ですが、材料問屋に連絡して現場に届けてもらうだけですので、電話一本で完結します。最近は職人が直接注文し、支払いだけを三次下請け会社が行うケースが大半で、材料の手配すら行わない現場が増えているようです。

第 3 章

● 四次下請け会社（職人）●

　一般社会の感覚からすると、職人は所属する会社（三次下請け会社）の「社員」のように映るかもしれません。しかし、繁忙期と閑散期の差が激しい専門工事会社にとって「職人」を固定給で雇うことは経済的に厳しく、ほとんどの職人は、所属する会社の外注先（個人事業主）に該当し、四次下請け会社となります。四次下請け会社は、親方を中心に5名程度で作業するグループが一般的です。

　大規模修繕工事において実際に作業をするのは職人ですから、職人がいなければ工事は始まりません。職人は押しも押されもしない、大規模修繕工事の主役なのです。

　しかし、職人は利益率が低い上に、ローラーや刷毛などの副資材や電動ドリルなど機械類の「持ち出し」も多く、それ以外に余った材料をストックする倉庫や、資材を運ぶトラックや工事車両も必要になるなど、工事以外の出費も掛かるため、資金繰りで最も苦労している印象を受けます。

● まとめ ●

　このように、大規模修繕工事におけるピラミッド構造は、**⓪元請け会社→①一次下請け会社→②二次下請け会社→③三次下請け会社→④四次下請け会社（職人）**、という5層からなるピラミッド構造（91頁）がBasicなパターンといえるでしょう。

　もちろん、③と④の間に「ブローカー」と呼ばれる個人事業主や企業が入って6層や7層になる場合や、④の下にさらに「応援」と呼ばれる職人が増えて6層や7層になる場合もあります。それとは逆に、①が抜けて4層になる場合や、③と④が

一体となって4層になる場合もあります。

ちなみに私が経営していた会社では、足場工事を除くと⓪元請け会社→④職人という構造で、かつ④職人も⓪元請け会社の自社に所属していましたので、仲介会社がほとんどいない「ほぼ1層」といえる構造でした。

このようにピラミッド構造には様々な形態があるのです。

ピラミッド構造では、各階層の会社が利益をのせるため、ピラミッドの階層が多いほど工事価格は上昇します。

マンション管理組合の立場になって考えますと、ピラミッド構造によって、工事との関係が希薄なブローカーが介在し、そのブローカーの手数料の分だけ工事価格が上昇することは、お金が無駄に使われて勿体ないという印象を受けるでしょう。ピラミッドのそれぞれの段階で、それぞれの会社が、仮に10％の利益を上乗せすれば、「口利きだけ」に等しい会社らが、工事価格の30％〜50％を持っていくことになるわけですから……。

しかし、分業制にメリットを感じている下請け会社が多いことも事実で、そこに建設業界特有の保守的な傾向と、変革を嫌う昔気質の雰囲気が重なって、建設業界ではこれからもピラミッド構造が継続することが予想されているのです。

column ピラミッド構造を変えようとする動き

ピラミッド構造を維持・存続させようという動きがある一方で、「顧客ファースト」を掲げ、出来るだけ工事価格を下げるためには、ピラミッド構造を解消すべきである、と考える企業も現れるようになりました。まさに「新時代」です。

その代表的なものが、「一次下請け」や「二次下請け」、「三次

第3章

下請け」として実績を積んできた会社が、ピラミッドの階層を飛び越えて「元請け」に挑戦しようとするムーブメントです。

大規模修繕工事の業界には、業界四天王と呼ばれる売上高が数百億円規模の超大手の「改修専門工事業者」が4社存在しますが、そのうちの2社は、元々は塗装工事の専門会社から出発し、大手ゼネコンのノウハウを吸収して現在の地位を確立したという歴史があります。それを考慮すると、大手の下請けや孫請けとして活躍してきた会社が、「元請け」を目指そうとする動きは、漫画『ONE PIECE』のようで魅力的に映ります。もちろん、業界四天王に赤髪はいませんが……。

この「新時代」を切り開かんとする元々は下請け・孫請けだった工事会社は、次の2つのタイプに分類できます。

a. コピペの達人

大手のノウハウを「コピペ」して、大規模修繕工事を実施する工事会社です。

「コピペ」にはネガティブなイメージもありますが、戦後の経済発展が証明しているように、後発企業が急成長するための有効な方法であることは周知の事実です。コピペも「達人」の域に達すれば、立派な企業戦略といえるのです。

考えてみれば、Basicなパターンのピラミッド構造では、二次下請け会社に所属する現場監督が元請け会社の制服を着て、元請け会社のスタッフのようにお客様に接し、かつ業者の手配も工事管理も、すべて二次下請けの現場監督が行っています。そのため、現場に元請け会社がいなかったとしても、同じ品質の工事を実施することは雑作もないことなのです。

そのため、「コピペの達人」の工事会社は、

「大手と同じ品質の工事を、2割安く実施します！」とか
「大手の下請けでの実績が豊富ですから、品質は安心です！」
といったセールストークで営業活動を行っているようです。

しかし、元請け会社には、元請け独特のノウハウが必要です。また元請け会社として活躍するような大手には、新築部門などにモンスター級の知識と経験値のあるスタッフが控えていますから、大手の工事は、安心感と安定感が違います。「コピペ」したからといって、大手と完全に同じになるわけではなく、その間には大きな差があることは否めないのです。

ところで、「コピペの達人」の工事会社の中には、ただ「コピペ」するだけでなく、ムダを削減することで、独自性をアピールする会社も現れています。特に書類関係でムダを削減する傾向が強いようです。

近年、安全意識への高まりから、大手の建設現場では必要書類の数が尋常ではないレベルで増えており、「現場監督は書類監督だ！」と揶揄されるほど、毎日が「書類の管理」に追われるようになりました。そのため、「書類管理に特化した外国人技能実習生」を現場に配属する工事会社も増えています。

書類管理が技能実習生の制度趣旨に合致しているかどうかはさておき、マンション管理組合が現場監督に求めているのは、「書類の管理」ではなく、「品質の管理」ですから、「書類の管理」だけのスタッフのために、大切な修繕積立金が使われることに諸手(もろて)を挙げて賛成という方は少ないのかもしれません。

b. イノベーター

大手の大規模修繕工事のノウハウを「コピペ」するだけでなく、それを改善し、さらに独自の技術革新に基づく「オリジナル

なノウハウ」を加えて実践している工事会社が「イノベーター」と呼ばれます。

「ヒト・モノ・カネ」のすべてで大手に劣る中小零細企業が、オリジナルのノウハウを生み出すことは並大抵のことではありません。そのため「イノベーター」タイプの工事会社は、数としては非常にレアというのが特徴です。

ただし、業界内で「インチキ」と批判されているウサン臭い工事会社が「イノベーター」を騙っている場合もありますので注意が必要です。たとえば、当社が開発した塗料は30年保証ですとか、当社の技術を理解できるコンサルタントはいないので「責任施工方式」以外は受け付けません！　と主張する工事会社などが「インチキ」に分類されるでしょう。

画家のゴッホが、美しいデッサンも、芸術的な油絵も描けるように、「イノベーター」は、「オリジナルなノウハウ」だけでなく、伝統的な工法・仕様によっても、高品質で低価格の工事を実現できることが特徴で、ここが「インチキ」との違いといえるでしょう。

column 新規参入が難しい業界!?

大規模修繕工事の業界は、**「新規参入が難しい業界」**といわれています。

業界の歴史を振り返ると、まず黎明期にマンションの管理会社やデベロッパーが、顧客（マンション管理組合）の「囲い込み」を行い、先行者利益を独占し始めました。

その後、管理会社・デベロッパーによる「囲い込み」に危機感を覚えた大手の工事会社などが「設計監理方式」を広め、市場

の独占を食い止めようとした結果、2つの勢力が拮抗して、管理会社とコンサルタントが業界を牛耳るようになりました。

そして、管理会社の裏には系列の工事会社が、コンサルタントの裏には蜜月の工事会社が、それぞれ待機し、工事を受注した暁(あかつき)には、キックバックを上納するシステムが生まれたのです。

そのため、大規模修繕工事の業界では、「マンション管理会社のお抱えの工事会社」になりさえすれば、あるいは「コンサルタントと蜜月の関係」を作ってしまえば、後は黙っていても工事が舞い込んでくるというシステムが確立されました。

そして一度、先行者利益によって「美味しい味をしめる」ことを覚えてしまうと、業界を挙げてこのシステムを維持しようという動きが加速します。

その結果、大規模修繕工事の業界で、「元請け会社」として新規参入しようとする会社は、強力な「囲い込み」を突破することができず、苦戦を強いられることになるのです。

30年近く前に私が起業した頃、同じように独立開業した会社が複数ありましたが、現在も「元請け」として活躍しているのは僅かで、その多くが「下請け」として存続する道を選択するか、廃業するかという岐路に立たされてきました。いかに「囲い込み」が強力かを雄弁に物語っているといえるでしょう。

そのため、新しい技術を武器に独立開業しても、苦戦を強いられることは必至で、結果として、高い技術を持ちながら、会社規模を拡大せずに小規模の堅実経営を行う「隠れた名店」が多いというのが大規模修繕工事の業界の特徴の一つといえるのかもしれません。

column

2 元請け会社のポジショニング別 会社規模と工事金額の関係

ピラミッド構造では、**⓪元請け会社**と**④職人**との間に入る仲介会社の数が多ければ多いほど、工事金額は高額化する傾向にあります。仲介会社がそれぞれ10％〜20％の利益をのせるから当然でしょう。

そして、会社の規模が大きくなればなるほど、ピラミッド構造の仲介会社は何層にも増える傾向があります。

つまり、会社の規模が大きくなればなるほど、仲介会社が増え、工事金額もそれぞれの手数料の分だけ高くなるのです。

ところで、元請け会社は、伝統的には、91頁の図のように、「マンションの管理会社」、「管理会社の系列の工事会社」、「大手ゼネコン」、「地方の有名ゼネコン」、「大手の改修専門工事会社」がその役割を担ってきました。

しかし近年、ピラミッド構造は変容を遂げつつあります。最近の傾向として、かつては一次下請けや、二次下請け、三次下請けとして活躍していた会社が下克上によって元請けとして工事を受注するシーンが増えるようになっているのです。

まさに**「元請け会社の戦国時代」**の到来です。

ところで、マンション管理組合が大規模修繕工事を発注するのは、「元請け会社」に他なりませんから、本節では戦国時代に突入している元請け会社が、業界内でどのようなポジショニング戦略をとっているかを整理したいと思います。

「元請け会社」の業界内での**ポジション**を観察すると、その会社が立っているポジションによって、**「価格」**や**「技術力」**に違いが生じていることが分かります。

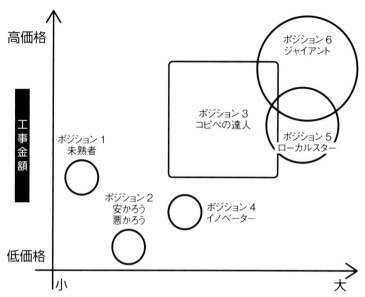

◆ポジション1；未熟者◆

　会社規模が小さすぎたり、工務店の名前を冠してはいるものの、ほとんど大規模修繕工事を施工した経験・実績がない工事会社のポジションです。

　建設業界は広く、様々な業種があります。建設会社の看板を掲げていても「大規模修繕工事ができる会社」と「できない会社」があるのです。また「一応できる」というレベルの会社は「できない」と考えた方が良いでしょう。

「未熟者」のポジションの工事会社は、工事金額が高い傾向があります。

> ◆**ポジション2；安かろう悪かろう**◆
>
> 　安いだけで、品質がサッパリという工事会社のポジションです。ひび割れの補修跡が目立つような塗装をする会社や、外壁タイルの特注焼きができない会社などが典型といえるでしょう。
> 　**「安かろう悪かろう」**のポジションの工事会社は、国交省の「建築改修工事監理指針」など、業界内で「教科書」と呼ばれている書籍類に目を通したことがないようなスタッフが多く、業界の標準的な工法や仕様よりも、経験を重視する傾向が強いようです。
> 　「安かろう悪かろう」のポジションの工事会社は、安く見えますが、品質的なリスクに鑑みると、低価格ではありません。

> ◆**ポジション3；コピペの達人**◆（改修専門工事会社など）
>
> 　大手のノウハウを「コピペ」して、大規模修繕工事を事業の主軸としている工事会社のポジションです。
> 　大手のノウハウをコピペしているため、「技術力」は大手に見劣りしません。ピラミッドの階層が少ないのも特徴です。
> 　**「コピペの達人」**のポジションの工事会社は、低価格帯から中価格帯の工事金額が一般的といえるでしょう。

> ◆**ポジション4；イノベーター**◆（技術力のある改修専門工事会社）
>
> 　大手のノウハウを「コピペ」するだけでなく、それを改善し、さらに独自の技術革新に基づく「オリジナルなノウハウ」を加味して実践している工事会社のポジションです。
> 　**「イノベーター」**のポジションの工事会社は、ピラミッドの階層が少なく、会社規模も小さいことから、技術力が高いにもかかわらず、工事金額は低価格帯から中価格帯というのが大きな特徴といえるでしょう。

> ◆**ポジション5；ローカルスター**◆（地方工務店など）
>
> 　地方では有名な工務店など、公共工事をしっかり行っている工事会社のポジションです。

「ローカルスター」のポジションの工事会社は、高価格帯が多いようですが、平均的な品質の工事を実施することには定評があります。

余談ですが、公共工事を中心に事業展開しているローカルスターの工事会社は、金銭感覚が麻痺しているように感じます。以前、高校時代の先輩が勤める地方工務店から連絡があり、

「公共工事なんやけど、下請けで参加してくれるか！いつもの2倍くらい高い金額で頼む！」

といわれて見積もりしたことがありました。当社の通常の2倍の金額に、その地方工務店が何割か利益を上乗せして札を入れたようですが、それでも入札に参加した工事会社の中では最も安かったというのです。その公共工事の場合、最安値の会社は落選というルールがありましたので、「法外に高い金額」であるにもかかわらず、「最安値で落選」という結果だったのです。

税金の使われ方が適切かどうかの議論はさておき、一般的には公共工事は値段が高すぎるため、その世界を主戦場としている工事会社は、民間の大規模修繕工事の世界では金銭感覚が合わないのかもしれません。

◆ポジション6；ジャイアント◆（大手ゼネコン・管理会社など）

大手ゼネコンなど、大規模修繕工事だけでなく、ビルやマンションの新築工事も行う工事会社や、大規模修繕工事だけで50億円を超えるような売上高を誇る大手の改修専門工事会社、全国区の管理会社などのポジションです。

「ジャイアント」のポジションの工事会社は、すべてのポジションの中で最も高価格帯といえるでしょう。技術力もあり品質的には申し分ないことが多いですが、近年は例外も散見されるようになりました。

知名度の高さや会社規模の大きさから、ブランド信仰が強いマンション管理組合には特に人気があるようです。

第3章

2-③ 元請け会社のポジショニング別 会社規模と技術力の関係

マンション管理組合・理事会・修繕委員会にとって、工事金額と同じか、それ以上に関心が高いのは、元請けの工事会社が

「どれくらい高い品質の工事を実施するのか」

ではないでしょうか？

「元請け会社」の技術力についても、工事金額と同様に、業界内でのポジションによって特徴があるように思われます。

本節では、業界内でどのポジションにいる元請け会社が、どのような品質の工事を実施する傾向があるかについて、「品質偏差値」を羅針盤にして、深堀りしたいと思います。

◆ポジション1；未熟者◆

品質偏差値　測定不能〜30

そもそも工事ができない、慣れていないのですから、高品質の工事を期待することが酷なのかもしれません。

◆ポジション2；安かろう悪かろう◆

品質偏差値　測定不能〜40

ネーミング通り「悪かろう」なのですから、「色が塗られて綺麗になった」以上の期待をしてはいけません。

◆ポジション3；コピペの達人◆ (改修専門工事会社など)

品質偏差値　48〜55

大手をコピペしているため、基本的には大手と同じ品質偏差値といえるでしょう。ただ、大手の後ろ盾がないため、イレギュラーな事態に対応できない会社もあります。

そのような事態を考慮して、大手よりも若干ですが品質偏差値

が劣ります。

ちなみに、私が修業していた会社は、このポジションでした。

―――◆**ポジション4；イノベーター**◆（技術力のある改修専門工事会社）―――

　品質偏差値　　60〜70

　大手のノウハウをコピペするだけでなく、改善し、独自のノウハウによって、技術力で大手を圧倒しているため、品質偏差値は最も高いといえるでしょう。

―――◆**ポジション5；ローカルスター**◆（地方工務店など）―――

　品質偏差値　　50〜55

　平均的な工事を実施するのが**ローカルスター**の特徴です。特に何かに秀でているわけではありませんが、可もなく不可もなくというのが信条ではないでしょうか。

―――◆**ポジション6；ジャイアント**◆（大手ゼネコン・管理会社など）―――

　品質偏差値　　50〜57

　ジャイアントも平均的な工事を実施します。一般の方からすると、大手ゼネコンなどは、もっと高い技術力があるように思われがちですが、それは新築工事の話で、大規模修繕工事の「品質」に限っていえば、平均的なレベルといえるでしょう。もちろん、「安全」偏差値で測るなら、65〜70の高水準です。

　ちなみに、私の師匠はジャイアントのポジションに位置する大手ゼネコンに勤務していました。もし師匠の部下に、素直で事務処理能力の高い現場監督が入った場合は、品質偏差値70前後の無双状態になるような気がします。しかし、元来ゼネコンという組織では、「担当者が変わったら品質が変わる」という現象は許されません。「担当者が誰であっても〇〇工務店・××組に相応しい品質」でなければならないのです。

　ただ、近年はジャイアントの技術力の低下が気になります。

第3章

元請け会社の会社規模と技術力の関係

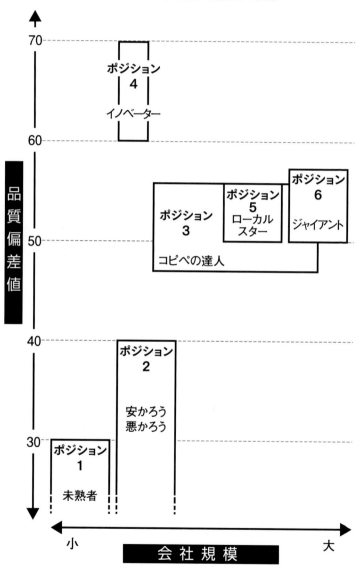

column ジャイアントキリングの話

　2011年の東日本大震災の頃、同じような外観のA棟B棟C棟の3棟のマンションを、それぞれ別の工事会社が施工したことがありました。工事価格はほぼ同じです。

　しかし、A棟の外壁は、奇抜な赤紫色になり、B棟は工事終了後に高所作業車での手直しに2ヶ月を要するほど仕上がりが悪かったのですが、C棟だけは何の問題もなく終了した上に、エントランスホールをリニューアルするほど余裕がありました。

　工事完成から5年くらい経過した頃に建物を訪れると、A棟とB棟は外壁の塗膜がプクッと膨れる箇所が随所に見られ、それが毎年発生していたのか、その補修によって色も模様も変わっている箇所が無数に発生するなど、悲しい建物になっていました。これに対し、C棟は通常の経年劣化が発生している程度で、大きな問題がなかったのです。

　A棟とB棟とC棟は新築時の資産価値は、ほぼ同じだったと思われますが、大規模修繕工事後の資産価値の違いは歴然で、C棟だけは空室が発生しても直ぐに埋まり、販売価格が大きく下落することはなかったようです。

　ちなみに、A棟は全国的に知名度の高い「ジャイアント」が、B棟は地元では有名な「ローカルスター」が、C棟はほぼ無名の「イノベーター」が施工しました。まさにジャイアントキリングですが、これは珍しい話ではなく、業界では頻繁に見られる光景です。

　技術力は、「会社の知名度」や「会社の規模」でも、「調査会社による信用調査の評点」でも、測れないといえるでしょう。

column　手抜き工事の手口

相見積もりを行うと、
「大手企業と零細企業の工事金額が変わらない！」
ことがあります。なぜでしょう？

大手企業の場合、何層ものピラミッド構造によって、中間マージンを抜くだけのブローカーが多く存在していることや、無駄な工事費用（次節に詳述）が膨大に掛かりますから、「大手の工事金額は高い」のが当然のはずです。

分かりやすい例をあげますと、エレベーターやエントランスホールの養生作業も外注する大手企業と、それらを現場監督が自ら行う零細企業で、工事金額が変わらないはずはないのです。

しかし、現実には「大手企業と零細企業の工事金額が変わらない」事態が発生することがあります。なぜでしょう？

マンション管理組合・理事会・修繕委員会のメンバーが、大手企業にこの点について質問をすると、
「毎年莫大な数の工事を下請けに発注しているので、工事金額を安くできるのです」とか、「材料を元請け会社で一括して発注しているから材料代が安くなるので、工事金額を抑えることができるのです」とか、単に「企業努力です」といったもっともらしい答えが返ってくることがあります。

しかし、本当にたったそれだけのことで、大手の工事価格が**ピラミッド構造では3割以上安いはず**の零細企業と変わらない工事価格になるのでしょうか？

この答えのヒントは、大手企業（元請け）の一次下請けと二次下請けとの間で、頻繁に行われる会話に隠されているように思われます。

一次）「予算が〇〇円しかないから、それに合うような工事をしてくれ！」

二次）「その金額だと、塗装は３回塗りのところを２回塗りで、シーリングは打替えずに撤去しない打増し工法でなければ無理ですが……」

一次）「それでいい。元請けの監督は、現場を見ないと思うから、バレないようにやってくれ」

二次）「もしバレたらどうするんですか？」

一次）「元請けの監督もこの金額で工事ができるなんて思っていない、目をつぶってくれるさ」

二次）「では工事写真だけは、仕様書通りに撮影しておきましょう」

　大規模修繕工事は、**「工事金額が決まってから工事に着手する」**という性質があります。

　そのため、工事金額に合わせて、それっぽい工事をすることも可能なのです。

　一方の大手企業（元請け）には、どのような会話が流れているのでしょう？

営業）「今回の入札の競合は、改修専門の零細企業です。金額では完敗するでしょう。勝てる方法はありますか？」

技術）「一次下請けの〇〇社なら、金額を合わせてくれるでしょう。勝てる金額で見積もりを出してください」

　こうして**「手抜き工事」は大手企業が零細企業に対抗できる必殺技**として、元請け・一次下請け・二次下請けの強力なスクラムに支えられながら、暗躍しているのです。

column

2-4 まとめ

大規模修繕工事では、元請け会社がどのポジションの工事会社かによって、**工事金額**は異なります。

また、**品質・技術力**についても、元請け会社がどのポジションの工事会社かによって異なります。

	工事金額の安さ	品質の高さ
第1位	イノベーター	イノベーター
第2位	ローカルスター	ジャイアント
第3位	ジャイアント	ローカルスター

（第2位・第3位の間：コピペの達人）

工事金額と品質・技術力のバランスを考えた場合、両分野で第1位の「イノベーター」の会社に大規模修繕工事を発注することが理想といえるでしょう。もし、「イノベーター」の会社に発注できれば、たとえば、「ジャイアント」の会社と比べて、工事金額を50％近く削減することも可能だからです。

しかし、「イノベーター」の会社はそもそも絶対数が多くありません。そのため、「イノベーター」の一本釣りを狙わずに、ポジションの異なる会社から2社ずつ選ぶのがベターでしょう。

私の友人のマンションのように、「ジャイアント」の会社ばかりから数社を選んで相見積もりをしたとしても、高価格帯の見積書しかお目に掛かることはできません。

ポジションの異なる工事会社から相見積もりをすることによって、確実に工事価格を下げることができるのです。

元請け会社の工事金額と品質・技術力の比較

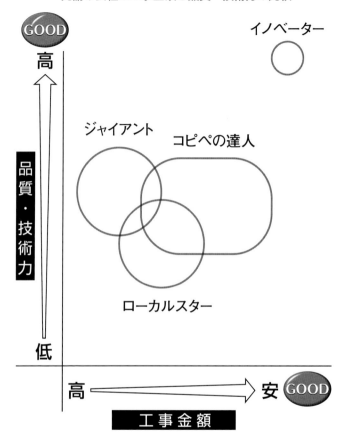

※ コピペの達人：改修専門工事会社など
　イノベーター：技術力のある改修専門工事会社など
　ローカルスター：地方工務店など
　ジャイアント：大手ゼネコン・管理会社など

※ すべての改修専門工事会社が「コピペの達人」というわけではありません。「コピペの達人」といっても会社規模に大きな開きがあるからです。本書では、年間の売上高が1億～50億円の工事会社を「コピペの達人」に分類し、50億円を超える改修専門工事会社は「ジャイアント」に分類しています。

第 3 章

column 管理会社に特命で工事を依頼することは正解か？

　管理会社や新築工事を行った会社は、そのマンションのことを詳しく知っています。マンションのことなら分かる会社なのです。ですから、もし管理組合・理事会・修繕委員会が納得できる価格で、技術力も安心できるのであれば、管理会社やその系列会社、または新築工事を施工した会社に大規模修繕工事を依頼することがベストな選択といえるでしょう。

　しかし、管理会社の見積書は、あまりにも高額なため、そんな見積書を前にすると、「マンションのことなら分かる」リズムも一瞬で吹き飛んでしまいます。

　現代社会では、無駄を嫌う賢い消費者が増えていますから、「ぼったくり価格」の工事は淘汰される傾向にあります。しかし、大規模修繕工事では、何が適正価格か不明なため、管理会社が「ぼったくり価格」の見積書を提出しても、それが「適正価格かもしれない」と錯覚して、うっかり発注してしまうこともあるようです。仮に、管理会社の担当者がアイドル風の好青年だったら「こんな若者が嘘をつくはずがない」と思い込んでしまうのでしょう。管理会社が見積書を提出する場合でも、特命ではなく、必ず相見積もりをとられた方が良いと思われます。

column 悪質な管理会社による相見積もりの手口とは？

　管理会社は、「マンション管理組合の予算を知っている」ため、その予算に合うような見積書を提出できる立場にあります。悪知恵を働かせれば、管理組合を食い物にすることも可能です。

　たとえば、マンション管理組合の予算が5500万円の場合に、

管理会社が、5000万円で見積書を提出すると同時に、付き合いのある2〜3社の工事会社に6000万円前後で見積書を提出するよう依頼したとしたらどうなるでしょう？

この場合、マンション管理組合には、3〜4社の相見積もりが届き、そのうちの最安値が5000万円の管理会社の見積書という絵図が描かれることになります。もし3500万円でできる工事であれば、正真正銘の「ぼったくり」になるのです。

大規模修繕工事の業界にいると、このようなシーンに頻繁に遭遇します。

column 悪質な管理会社が、工事会社に圧力をかけることもある？

マンション管理組合・理事会・修繕委員会が、独自に工事会社に声を掛けて相見積もりをとれば、必ず公正な競争が期待できるでしょうか？

実はそうではありません。相見積もりの「旗振り役」を管理会社に頼んでしまうと、別の問題が発生することもあるのです。

よく聞かれるのは、管理会社が、「今後、うちの系列のマンションで入札したときにどうなるか分かっているな」的な圧力をかけて見積もり辞退へと誘導したり、〇〇万円で見積もりを出すようにと指示したりするケースです。

管理会社は利益相反的なポジションにいるわけですから、相見積もりの「旗振り役」に徹することは、そもそも無理があるようです。

管理組合・理事会・修繕委員会は、相見積もりが形骸化しないように、細心の注意を払う必要があるといえるでしょう。

column

第*3*章

3 代替案（VE案）を積極的に採用する

　大規模修繕工事の工事価格を削減する法則の3番目は、積極的に「**代替案（VE案）を採用する**」ことです（代替案のことを、業界ではVE［バリューエンジニアリング］案と呼びます）。

　大規模修繕工事には、「**工事後に資産価値として残る工事**」と「**工事後に跡形もなく消える工事**」の2つが含まれています。

　「工事後に跡形もなく消える工事」にいくらお金を掛けても建物の資産価値が上がるわけではありません。

　「工事後に跡形もなく消える工事」については、出来るだけ費用を削減した方が、費用対効果が高いのです。予算を「集中」させるべきは、「工事後に資産価値として残る工事」でしょう。

　しかし一方で、「工事後に資産価値として残る」からといって、よりリーズナブルな方法があるにもかかわらず、それを無視して高額な方法で工事を実施することもナンセンスです。

　建物の資産価値を第一に考えるのであれば、

> ①「工事後に跡形もなく消える工事（資産価値として残らない工事）」は「削除・削減」する！
> ②「工事後に資産価値として残る工事」は、「最もリーズナブルな方法」を選択する！

ことが望ましいといえるのです。

　大規模修繕工事においても、「選択と集中」が重要といえるでしょう。

　ところが、大規模修繕工事において作成される「共通仕様」は、必ずしもそのような考えに基づいて設計されてはいません。

　大規模修繕工事の共通仕様は、いわば万人が納得できる「標

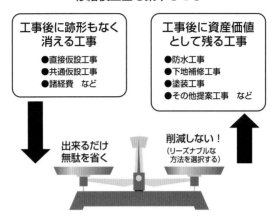

準的な仕様」であることが多く、「攻めた仕様」というよりも「守りの仕様」なのです。実際、20年前と変わらない伝統的な材料・工法が選定されることや、犯罪多発地域を想定したかのような徹底した防犯対策が盛り込まれることも珍しくありません。

しかし、「共通仕様」が、時代錯誤だったりオーバースペックだったとしても、「相見積もり」というルール上、共通仕様を無視することはできません。工事会社が勝手に異なる仕様に基づいて見積書を提出すると、責任施工方式と同じになってしまい、「同一条件での比較検討」ができなくなるからです。

そこで、相見積もり(入札)においては、「共通仕様」での見積もり以外に、建物の現在の状況に合わせて、最適な代替案(VE案)の提出を歓迎することを工事会社に伝えてはいかがでしょうか。これにより、技術力のある工事会社から、工事価格が削減された代替案の提出が期待できるからです。

3-① 工事後に資産価値として残らない工事は削除または削減する

一言で、「『工事後に資産価値として残る工事』に費用を集中させ、『工事後に跡形もなく消える工事』については、出来るだけ費用を削除・削減する！」といっても、具体的に『工事後に跡形もなく消える工事』とは何をさすのでしょう？

代表的なものとして、足場などの直接仮設工事があげられます。他に、現場事務所などの共通仮設工事や、諸経費などもこれに含まれます。

● 直接仮設工事 ●

直接仮設工事とは、工事をするために必要な足場やゴンドラなどを設置する工事です。第1章でも触れましたが、法改正を機に、足場などの直接仮設工事の費用は大幅に上昇しています。その結果、大規模修繕工事の総額の中で直接仮設工事が占めるパーセンテージは、法改正前は20％以下が中心でしたが、今では30〜40％程度にまで膨れ上がっているようです。

苦労して貯めた修繕積立金の3分の1以上が、工事後に消えてなくなってしまう足場などの直接仮設工事の費用に充てられることを知るとMOTTAINAI（もったいない）気持ちになります。

確かに安全な足場は大切ですが、「大金を掛けてでも足場を充実させてほしい！」と本気で考えているマンション管理組合・理事会・修繕委員会の方がどれだけいるのでしょう？

もちろん、法令遵守は重要ですが、法令を遥かに超える工事会社独自の厳しい社内の基準によって、足場の費用が高額化することは、工事会社の自己満足に過ぎません。しかもお金の出

どころは「マンションの修繕積立金」なのです。

ちなみに、本書執筆の時点では、「先行手摺」という足場が、安全性が高いという理由で人気を博しており、時期によってはリース会社の在庫切れが発生する事態にまで陥っています。当然、人気のある材料はリース費用も高くなる傾向がありますが、安全神話に取り憑かれた工事会社やコンサルタントの中には、「先行手摺」への強いこだわりがあって、何があっても「先行手摺」という姿勢を崩さない会社もあるようです。

大規模修繕工事の足場の費用は上昇する一方ですが、極論をいえば、昔のような「竹」や「丸太」で組まれた足場でも、「先行手摺」の足場でも、工事が完了して足場が解体されれば、それらの足場は消えてなくなります。足場が「竹」であろうが「先行手摺」であろうが、「工事完了後の建物の資産価値」は同じなのです。

そうであれば、直接仮設工事の費用は、法令を遵守しながら「出来るだけ安く」した方が、マンション管理組合の利益に適っているのではないでしょうか。もちろん、竹や丸太の足場はお薦めしませんが……。

「ムダなものは省く！」。これは節約の基本といえるでしょう。

column 足場かゴンドラかブランコか

直接仮設工事は、大別すると、足場・ゴンドラ・ブランコの3つに分かれます。昔は足場が最も高額で、次にゴンドラ、最安値がブランコという順番でしたが、ゴンドラの価格上昇率が最も高く、現在では足場とゴンドラの費用を比較すると、両者は変わらないか、むしろゴンドラの方が高いケースも増えています。

第3章

ところで、少し前に「ブランコ工法」という方法が話題になったことがありました。足場の費用がもったいないからブランコに乗って作業すれば「足場代が浮く」という考え方です。

しかし、大規模修繕工事では、経年により劣化した箇所を修繕し、その後、建物全体の美観性を向上させる工事を行います。劣化箇所の修繕とは、たとえば、割れているタイルを撤去したり、剥落しそうなコンクリートを撤去したりといった作業を伴います。もし作業中にタイルやコンクリートが落下したら、下を歩いている歩行者にとって、それらは凶器と化しますので、大惨事に発展する可能性もあるのです。仮に、割れているタイルや剥落しそうなコンクリートが数ヶ所しかないなど施工範囲が小さい場合で、かつブランコの下部の安全を確保できるのであれば、ブランコでぶら下がって修繕した方が、作業効率が高いといえるのかもしれません。

しかし、ブランコでの作業は非常に効率が悪いため、施工範囲が大きい場合には、足場を組んで作業した方が、逆に安くて早くなる場合もあります。「急がば回れ」の精神です。

ブランコでの作業がベストかどうかは、作業内容によって異なると考えるべきなのです。

以前、横浜で「ブランコ工法」でタイルの補修と塗装をしたマンションから雨漏りの相談がありました。5年前に工事をしたということでしたので、建物を見てみると、割れているタイルにシーリング材をなすりつけて、その上から、タイルと目地を1色で塗装するという、少し安っぽい工事がされていました。教科書通りに工事するのであれば、割れているタイルを撤去して、タイルの下地のひび割れを補修した上で、タイルを貼り直すことが正解です。それをせずに、シーリング材をなすりつけ

たのは、もし「ブランコ」にぶら下がって何枚もタイルを撤去した場合、タイルの破片が落ちるので危険だと判断したのかもしれません。また、タイルの上から塗料を1回塗れば、塗膜で雨漏りをブロックしてくれると考えた可能性もあります。

しかし、せっかくのタイル貼りの高級感のある外壁は、1色でベタっと塗られてしまったため、安っぽい建物へとランクダウンしてしまい、補修の跡はミミズが這っているようで見苦しく、おまけに雨漏りも止まらないという事態に陥ってしまったのです。

たとえ「ブランコ工法」によってそのときだけは低価格で工事ができたとしても、「必要な工事をやらなければ」、雨漏りなどの不具合はすぐに再発します。また、工法を誤れば建物のタイル貼りの高級感は一瞬で失われてしまうのです。そして、それが回復することはありません。

「ブランコ工法」は、聞こえは良いかもしれませんが、実際は「手抜き工事を正当化するだけの理論」になっており、大きく資産価値を損なう結果を生んでいる印象があります。

足場が工事後に消えてなくなるからといっても、工事をキチンと実施しなければ話になりません。

ブランコ工法が最適なシーンはゼロではありませんが、極めて限られているため、過度に期待するべきではないように思えるのです。

足場・ゴンドラ・ブランコのうち、どの工法が最適で、どの工法を採用すべきか、という問題は、建物の劣化状況と工事内容によって臨機応変に考えるべきものといえるでしょう。

column

第 3 章

直接仮設工事の比較

	足　場	ゴンドラ	ブランコ
コスト	高い	安い	非常に安い
工事期間	足場の設置に時間が掛かる 作業それ自体は最も時間が掛からない ⇨ 長い	ゴンドラの設置には時間が掛からない（ステージを設置する場合はその時間は掛かる） 作業それ自体は足場よりも多少時間が掛かる ⇨ 短い	ブランコの設置には時間が掛からない 作業それ自体は足場よりも多少時間が掛かる ⇨ 工事範囲による
居住者のストレス	長期間の足場の設置は大きな心理的ストレスとなる	シートを設置しない工法の場合、ほとんどストレスを感じない	真下を歩くときなどストレスを感じる ⇨ 危険！
防犯面	足場からの泥棒などの侵入のリスクがある	足場がないので侵入リスクが小さい	足場がないので侵入リスクが小さい
水平方向で同時に施工できる範囲	足場が設置されている限り無制限	ゴンドラの大きさ次第（3.6mが主流）	手の届く範囲（2m程度）
垂直方向で同時に施工できる範囲	地面から高さ1.8mごとの作業床の範囲	自由に設定できる	自由に設定できる
想定される最適なケース	建物の劣化状態が激しい場合 工事項目が多い場合（5業種以上） 塗装仕上げの場合（塗料飛散を防止するため）にも、タイル貼り仕上げの場合にも向いている 1階が駐車場・駐輪場や、通路、店舗などの場合には設置時に注意が必要	建物の劣化が中程度以下の場合 工事項目が少ない場合（4業種以下） 塗装仕上げの場合は、塗料の飛散に注意が必要。タイル貼り仕上げの場合は少量の補修のみ向いている 1階が駐車場・駐輪場や、道路・歩道、店舗などの場合には最適	建物の劣化が軽微な場合 工事項目が非常に少ない場合（2業種以下） ごく少量の補修のみ向いている 1階が駐車場・駐輪場や、道路・歩道、店舗などの場合には、注意が必要 ⇨ 危険！

● 共通仮設工事 ●

　共通仮設とは、「現場事務所」「作業員休憩所」「仮設トイレ」「資材倉庫」など、工事自体には直接関係ないものの、工事を進めていくために作業員や管理者が必要とする仮設物のことで、これらを設置する工事が共通仮設工事です。

　新築工事出身の現場監督や、大手ゼネコンの現場監督は、「共通仮設で会社のレベルが分かる」と叩き込まれているため、立派な共通仮設を作ろうとする傾向があります。安全旗や社旗の糊付けにも強いこだわりがある昔気質の人たちです。

　そのような監督が指揮をとる立派な現場事務所には、机・椅子・コピー機といった一般的な事務機器はもちろん、エアコン・ロッカー・キャビネット・冷蔵庫・FAX・応接セット・ホワイトボード・観葉植物などが備えられています。作業員休憩所には、作業員が熱中症で倒れたときに横になるための畳の部屋や、分煙のための喫煙ルームなどを備える場合もあります。一昔前は本社から事務員を1名連れてきて業務にあたらせることもありました。現場事務所の完璧さを追求する現場監督の手に掛かれば、映画のロケでも使えそうな豪華な現場事務所が完成するのです。

　しかし、このゴージャスな現場事務所も、数ヶ月の工事が終了するとすべてなくなります。しかも、現場での品質管理を重視する監督であれば、現場事務所にいる時間よりも、足場の上でチェックする時間の方が長いため、現場事務所の豪華さは重要ではないのです。

　現場事務所に大金を掛けるメリットはないように感じます。

第3章

column 立派な現場事務所・作業員休憩所は必要？

　私が経営していた会社が相見積もりに参加した世田谷区のマンションは、「共通仮設」への強いこだわりを持っていました。

　理由を探ってみると、管理会社の担当者が、マンション管理組合・理事会・修繕委員会のメンバーに、「作業員がみなさんの駐車場にしゃがみ込んで休憩するので、車で帰って来られなくなりますよ」とか、「作業員休憩所を立派にしなければ、作業員が、みなさんのバルコニーでタバコを吸いますよ」とか「トイレがなければ、マンションの廊下で作業員が用を足しますよ」などと吹聴し、マンション管理組合のみなさんに「作業員イコール行儀が悪い人」と信じ込ませていたようです。

　当然ですが、規律のある現場には、そんな行儀の悪い作業員はいません。もし、管理会社のいうような行儀の悪い作業員が現場にやってくるのであれば、休憩所や現場事務所が立派かどうかに関係なく、マンション内で何らかの問題を起こすでしょう。

　しかし、管理会社の警告を真摯に受け止めたマンション管理組合は、「もしそんなことが起きたら大変だ！」とその管理会社が管理する近くの賃貸アパートを作業員休憩所・現場事務所として借りることを決定しました。もちろん、アパート代は、敷金・礼金も含めて、マンション管理組合の負担です。

　共通仮設工事にどれだけお金を掛けても、建物の資産価値としては残りません。誤った情報に左右されることなく冷静に判断し、「ムダなものを省く」ことが、節約の第一歩であり、大規模修繕工事の工事価格の削減に繋がるのではないでしょうか。

column

● **諸経費** ●

大規模修繕工事の見積書で、最後に登場する項目が「諸経費」です。

管理会社やコンサルタントの中には、「諸経費」の金額が安いと、「法定福利費が安すぎる、社会保険料を払っていない可能性がある」、「こんなに諸経費が安い会社は信用できない」などと難癖をつけて蹴落とそうとすることもあります。

しかし、そもそも法律で定められている「法定福利費」を支払わない方法などあるはずがなく、また、諸経費は建物の資産価値とはまったく関係がありません。

諸経費は出来るだけ抑えた方が良いと思われます。

● **現場管理費** ●

現場管理の方法は大きく分けて**「常駐管理」**と**「重点管理」**と**「巡回管理」**の3種類があります。

「常駐管理」とは、文字通り、現場監督がマンションに常駐して工事を管理する方法です。大規模修繕工事を初めて経験するマンションでは、居住者のみなさまにとって不明な点が多いため、工事の責任者が常に近くで待機している「常駐管理」を希望することが多いようです。

これに対し**「重点管理」**とは、現場監督が要所要所で現場に赴き、管理を行う方法です。ただ、「重点」といいながらも、工事着工時は、足場組立てなど危険作業が多く、かつ居住者からの質問が多いことから、マンションに「常駐」することが多いようです。工事がスムーズに流れ始めたことを確認した時点で、週に1〜2回の「巡回」管理に移行しますが、工事が終盤に差

し掛かると、再び品質管理のチェックなど業務量が増えるため、「常駐」に近い状態に戻るというのが重点管理の特徴です。

これに対し**「巡回管理」**とは、工事の最初から最後まで週に1〜2回程度の頻度で現場を「巡回」して管理を行う方法です。賃貸マンションでは巡回管理が多いように感じます。

近年では工事管理者が圧倒的に不足していることと、マンションの居住者の多くが大規模修繕工事を経験していることもあり、50戸未満のマンションでは重点管理か巡回管理を採用するケースが増えているようです。50戸を超えるあたりから、徐々に常駐管理の割合が増えているように感じます。

また、「資格はあるけど技術は足りない現場監督」や「常駐の要件を満たすだけの素人の現場監督」が増えていることも、常駐管理の割合が減っていることを後押ししているようです。

ちなみにベテランの現場監督が1人で管理できる限界は100戸といわれており、100戸ごとに常駐の現場監督の人数が1名ずつ増えていくのが一般的です。

予算感としましては、東京エリアでは、常駐管理は1ヶ月に60万〜80万、重点管理は1ヶ月に40万〜50万くらいが相場で、関西エリアでは常駐管理は1ヶ月に45万〜60万、重点管理は1ヶ月に30万〜40万円くらいが相場のようです。

常駐管理と重点管理のどちらを採用すべきかについて、明確なルールはありません。マンションにお住まいの方の特徴、現場監督のマネージメント能力、職人と現場監督との間の「阿吽の呼吸」の成熟度、など様々な要因を考えて判断すべきものでしょう。

ちなみに、私の個人的な見解としては、**優秀な現場監督による重点管理が、最も費用対効果が高い**と思われます。

column 常駐管理と重点管理はどちらが良いのか？

コンサルタントや管理会社が作成する仕様書では、現場監督は「常駐管理」がマストの条件とされることが多いようです。

しかし、ここで疑問が生じます。

「常駐管理」は常に「重点管理」や「巡回管理」よりも高品質につながるのでしょうか？

以前、私の会社を独立した教え子から、「社長、スタッフが足りません！ 現場管理をお願いできませんか？」と連絡があり、「今は隠居中だから、週に1回の巡回管理ならいいよ」と返答したところ、「マンション管理組合から、社長が巡回することを条件に了承されました」というので、巡回管理をしたことがあります。

たまたま道路を挟んだ向かいのマンションでも、同じタイミングで大規模修繕工事が始まっていて、その元請けは全国区のマンションの管理会社で、担当者は私が修業時代に元請けだった大手管理会社の工事課長でした。

2ヶ月後、私が巡回管理をしていたマンションは工事が完了し、足場が解体されましたが、お向かいのマンションはまだ足場がかかったままで、結局、そのマンションの工事が完了したのは、それから更に2ヶ月が経過した後のことでした。

途中、お向かいのマンションの居住者の方から連絡があり、

「私たちのマンションの工事は、職人が下手な気がする、見にきてくれないか」

ということでしたので、バルコニーを拝見すると、溝の防水はブツブツが沢山あり、天井の塗装は補修跡が目立つなど、お世辞にも綺麗とは呼べないような仕上がりでした。

第3章

現場管理方法の違いによる工事比較表

元請け	教え子の零細企業	大手管理会社
管理の方法	巡回管理	常駐管理
戸　数	36戸	32戸
工事価格	3500万円	4500万円
1戸あたりの価格	97.2万／戸	140.6万／戸
工　期	2ヶ月	4ヶ月
仕上り	控え目に見て及第点	お世辞にもキレイといえない

　管理会社が元請けで、一級建築施工管理技士が「常駐管理」しているマンションであるにもかかわらず、品質はパッとせず、工事期間も長かったのです。

　ちなみに、マンションの戸数は私が巡回管理していたマンションは36戸、向かいのマンションは32戸でしたが、工事金額は3500万円と4500万円でしたので、1戸あたりの価格でいうと1.5倍近くの差がありました。

「常駐管理」だから良い工事ができるわけではありません。

　特に最近は「常駐」の条件を満たせばいいと安易に考えて、高齢の方や素人の若者などが、現場監督を行うケースが増えています。工事会社の中には「大規模修繕工事の現場監督なんて、居住者からのクレーム対応が主な業務だから、ただ現場にいて、お客様の御用伺いをしていれば良い」と割り切っている会社もあるくらいです。最初から品質は置いてきぼりなのです。

　素人や高齢者による「常駐管理」よりも、職人と阿吽の呼吸のベテラン監督による「重点管理」や「巡回管理」の方が、高い

品質の工事ができることは容易に想像できます。

「常駐」にこだわることは、ナンセンスなのかもしれません。

column 「キンペー」式の管理

　デジタル化が遅れているといわれる建設業界にも、建設DX（デジタルトランスフォーメーション）の流れは少しずつ浸透しています。たとえば、作業員の胸元に小さなカメラをつけて、作業風景を録音録画しながら遠隔で管理する方法などです。お隣の監視国家の最高指導者の名前をとって「キンペー」式と揶揄されているこの管理方式は、スーパーゼネコンなどでいち早く採用されるなど注目を集めています。

　確かに「キンペー」式の管理ができれば、1名の工事管理者によって複数の現場を同時に管理できる可能性もありますので、「人材不足」の建設業界においては一筋の光明となるでしょう。建設業界の技術職にもリモートワークが可能になるかもしれませんし、週40時間労働や週休2日が難しいといわれている建設業界でも「働き方改革」が実現できるかもしれません。

　しかし、現在のところ「キンペー」式の評判はイマイチのようです。「『キンペー』式は『カンリ』ではなく『カンシ』だ！」という意見が多く、実際、私の周りの腕の良い職人たちは「キンペー」式に嫌悪感を示しており、「そこまで信用できないなら、俺に仕事を頼まないでくれ」と離れる傾向が見られます。もともと現場監督の多くは、職人が炎天下や極寒の中で必死に作業しているにもかかわらず、冷暖房が完備された現場事務所で快適に過ごしており、それをよく思わない作業員が多いのですが、「キンペー」式では、足場に登ることもなく、快適なオフィスや

自宅から指示を出すわけですから、さらに現場の規律が乱れる心配があります。

職人は囚人ではありませんし、企業にとっても「キンペー」式は常駐している現場監督の能力が低いことを認めているようなものです。そもそも人材を育てようとする強いコミットメントが感じられません。

建設業界では「デジタル」と「アナログ」をいかに融合させるかが重要なテーマですが、私の個人的な見解としては、昔からいわれるように「何度も足を運んで現場を確認し、職人とコミュニケーションをとりながら工事を完成させる」という現場主義が、最も質の高い工事に繋がっているように思われます。

―― *column* ――

● 履行保証保険、履行ボンド、リフォーム瑕疵保険などの保険や、履行保証会社 ●

コンサルタントや管理会社などが、「大規模修繕工事の期間中に、工事会社が潰れたら大変ですから、『保険』に入っておいた方がいいですよ」とアドバイスすることがあります。区分所有者の中にも「保険」を熱望する心配性の方もいるようです。

履行保証保険、履行ボンド、リフォーム瑕疵保険などの保険商品や、履行保証会社のような後見人的な保険など、コンサルタントには「保険」好きが多いような印象があります。

しかし、本当に「保険」は必要なのでしょうか？

当然ですが、「保険」はタダではありません。マンションの規模や契約金額にもよりますが、100万円以上の出費は覚悟しておいた方が良いでしょう。また保険の中には保険会社指定の一

級建築士のチェックを必要とするものもあります。その場合、工事期間は1ヶ月以上延びることになるでしょう。また履行ボンドなど保険の種類によっては加入できる会社が限定されているものもあり、それ自体が特定の会社への誘導となっている場合もあります。

　一方で、この業界を30年近く見てきましたが、大規模修繕工事の施工中に工事会社が倒産して工事が中断したという話は極めて稀有なように感じます。大規模修繕工事は、新築工事のように工事期間が長いわけではありません。平均して3〜4ヶ月、長くても6ヶ月くらいが主流のため、そのような短期間に業績が急激に悪化して倒産することは考えにくいのです。

　よく冗談で、「工事期間中に工事会社が倒産する確率よりも、宇宙人に遭遇する確率の方が高いですよ」という話を耳にします。宇宙人より稀有な事態を心配して保険に数百万円も掛けるよりも、給排水管やエレベーターのリニューアルや、バリアフリー化などマンションの生活をより快適にするための設備にお金を使った方が有益なように感じるのです。

● 足場の防犯システム ●

　最近よく街中で見かける「足場の〇〇侵入警報システム」。足場にセンサーを設置して、不審者が足場からバルコニーなどへ侵入し、ガラスを割るなどして住戸内に侵入することを防止する目的のものです。

　令和になって日本の治安は悪化するばかりで、白昼の銀座の路面店に強盗が入る時代ですから、マンションにお住まいの方が心配になるのも当然なのかもしれません。

　ただ、一口に「侵入警報システム」といっても、その仕様は

第3章

様々です。24時間警報状態を維持するものもあれば、夜間だけ警報状態にするものもあります。そして、センサーを、どこに、どれだけ設置するかによって仕様も金額も異なります。数十万円で済む場合もあれば、数百万円掛かる場合もあるのです。

ただ、一ついえるのは、どれだけお金を掛けたとしても「完璧な防犯システム」は存在しない、ということでしょう。完璧を求めるならば「工事中は別の場所に引越す」しかないのです。

ところで、「侵入警報システム」の関係でよく話題にのぼるのが、「足場に小動物が侵入するたびにセンサーが反応する」という話です。もう25年以上前の私の修業時代に、野良猫の多い地域のマンションで、夜中にブザーが鳴るたびに目を覚まし、50分掛けて自宅から工事現場へと車で向かい、30分ほど現場を巡回して「異常なし、きっと野良猫だろう！」を確認したら再び長い道のりを帰宅、というルーティンを何日も繰り返していた先輩の現場監督がいました。数日経った頃には、体力も精神力も削られていて、品質管理どころではなかったように思います。

現場を管理する立場であるにもかかわらず、野良猫が鳴らすブザーの確認作業が主な業務になることは、マンション管理組合の誰も望んでいないと思われますが、工事会社の側で「侵入警報システム」を設置した場合、最悪のケースでは、このような結果になるのです。

現場監督が疲弊しては意味がありません。物騒な時代ですから「侵入警報システム」が必要な建物もあると思いますが、もしどうしても必要な場合は、工事会社を介さずに、直接管理組合から警備会社に発注した方が良いように思います。

もし「最高の防犯対策はなんですか？」と質問されたら、私は迷わず「早く足場を解体することです！」と答えます。

column 泥棒に入られたマンション

私の修業時代の話です。

マンションの7階の角部屋で泥棒に入られる事件がありました。泥棒は足場からバルコニーに入り、そこからお部屋内へ侵入したようです。幸い不在だったようで、生命の危険はありませんでしたが、貴重品は盗まれたとのことでした。

すぐにマンションで緊急理事会が開催され、足場に「侵入警報システム」を設置することが決まり、3日後には設置が完了していました。

しかし、あろうことか、その数日後に、また泥棒に入られたのです。同じ手口で、今度は5階の角部屋の居住者のところでした。せっかく高いお金を掛けて設置した「侵入警報システム」は空振りに終わったのです。ただ、このお部屋も奇跡的に不在だったので、誰も傷つかなかったことが不幸中の幸いでした。

とはいえ、立て続けに2度も泥棒に入らたわけですから、居住者の恐怖はピークに達しています。結局、夜間にガードマンを配備し、警備してもらうことになったのです。

ガードマンによるパトロールが功を奏したのか、それ以降、泥棒の被害はなくなりました。こちらはお金を掛けた甲斐があったのです。

そして2ヶ月後、工事が終了し、足場が解体されました。

ところが、その後、事態は急展開しました。犯人が逮捕されたのです。

なんと犯人は、このマンションに住む6階の居住者でした。いつ誰が家を空けているかを把握し、侵入警報システムの設置場所も把握していた6階の居住者が、5階と7階の居住者の

第3章

不在日を狙いすまして、自宅のバルコニーから足場を利用して上下のバルコニーに移動して侵入したようです。

私の30年近い経験の中で、足場から泥棒に入られた現場はこのマンションだけでした。油断は禁物ですが、もしかすると「侵入警報システム」の費用対効果については、じっくり考えるべきなのかもしれません。

― column ―

● 過剰なサービス ●

大規模修繕工事の共通仕様の中には「過剰なサービス」が含まれている場合があります。また、大規模修繕工事のヒアリングにおいて、「サービス」をアピールする会社も増えています。

しかし、この「サービス」が果たして適切かどうか、冷静に考える必要があるでしょう。

過剰なサービスの例を挙げますと、「大規模修繕工事では洗濯物がバルコニーに干せない期間がありますので、室内干しによって、生乾き臭が発生するかもしれません。そこで、私たちはフローラルな香りの柔軟剤を無償で配布します」とか、「大規模修繕工事ではバルコニーの荷物を室内や廊下側に移動していただく必要がありますが、この機会に廃棄したいと思われる方のために、ゴミのコンテナを用意しますので、そこに捨ててください」とか、「エアコンの室外機を動かしながら作業しますが、その際エアコン配管が貫通している壁面の隙間を埋めるパテが外れる可能性がありますから、あらかじめすべて新品に交換します」など枚挙に暇がありません。

ごく稀に、「フローラルの香りって素敵！」「ゴミまで捨てて

くれるなんて神！」「パテまで新品にしてくれるなんて良い業者さん！」と、テンションが爆上がりになる方もおられますが、柔軟剤を買うお金も、ゴミの廃棄代も、パテの交換費用も、すべて工事代金から捻出されており、その分だけ工事価格は高くなっています。また、ゴミの量が多い居住者と少ない居住者との間で不平等も発生するでしょう。そもそもパテは個人のものです。

　無料のものはありません。「サービス」は決して無償ではなく、お金が掛かっているのです。

　耳触りの良い「サービス」を連発する工事会社に遭遇したら、「サービスは要りませんから、その分、安くしてください」と主張した方が、マンション管理組合全員にとって公平であり、かつ全員の利益につながるのではないでしょうか。

● 現場監督のサービス ●

　大規模修繕工事では、バルコニー内の荷物を移動するタイミングがあります。バルコニーには約12年分の荷物が蓄積されていますので、移動するのも一苦労という居住者が多いのも事実です。そのため工事会社の中には、「バルコニーの荷物の移動はすべて現場監督がお手伝いします！」と現場監督のサービスをアピールする会社もあります。

　しかし、現場監督の業務は、共用部の工事の品質管理や工程の管理、安全管理が中心です。バルコニーの荷物の移動を現場監督が手伝うということは、「個人」のために共用部の工事の管理が後回しにされることを意味します。

　「現場監督のお手伝い」は最小限が理想ですので、甘い囁きには注意が必要といえるでしょう。

第 *3* 章

工事完成引渡し後に資産価値として残らない工事

直接仮設工事	**安全すぎる足場** ・工事会社の社内安全基準によって、法規制の遥か上をいく安全すぎる足場 ・代替手段があるのに社内安全基準によって、「お金の掛かる方法」を選択した足場
共通仮設工事	**豪華すぎる現場事務所、作業員休憩所**
諸経費	**ムダに高い法定福利費などの諸経費** **カタチだけの常駐管理** **ムダに多い現場監督** **履行保険や保証会社** **無法地帯を想定した堅牢な防犯システム**
サービス	**過剰なサービス** ・フローラルな香りの洗剤、柔軟剤 ・ゴミコンテナの設置 ・エアコンパテの無償交換 ・バルコニーの荷物移動の手伝い

3-❷ 仕様をリーズナブルなものに変更する

　大規模修繕工事では、設計監理方式であれ、住民参加方式であれ、同じ条件でなければ比較できないという理由で、すべての会社が、同じ仕様（共通仕様）に基づいて見積書を作成しています（**共通仕様に基づく統一明細書**）。

　しかし、技術力の高い工事会社の中には「共通仕様」以外に、同じ保証年数で**「よりリーズナブルな仕様」**を提案できる会社もありますし、**「より建物の現状にマッチした仕様」**を提案できる会社もあるのです。

　建築資材の技術開発は日進月歩で、性能の良い材料が次々に生まれていますから、工事会社に「共通仕様に基づく『統一明細書』とともに、よりリーズナブルで建物にマッチした代替案（VE案）を歓迎します」と伝えれば、より良い提案をしてくれるかもしれません。それによって工事価格を抑えることができれば管理組合にとって大きなプラスとなるでしょう。

　また、工事会社の技術力を垣間見ることもできますので、比較検討をより実効性のあるものにできるのではないでしょうか。

　ところで、コンサルタントや管理会社、大手企業は、技術革新には鈍感です。10年も前に開発された工法ですら、知らないことも珍しくないのです。

　以前、新築時に「アスファルト防水」だった屋上防水を、1回目の大規模修繕工事で「塩ビシート防水（絶縁工法）」に改修したマンションがありました。12年が経過し、2回目の大規模修繕工事のタイミングとなったとき、設計業務を担うコンサルタントは「前回施工した『塩ビシート防水』をすべて撤去した上

で、再び『アスファルト防水』で工事するように！」という指示をしました。コンサルタントの指示通りにすれば、撤去するための費用も、それを処分するための費用も、余分に掛かります。また、撤去時にアスファルト防水層が傷つく心配もありますし、防水層を撤去している間に豪雨に見舞われれば、階下のお部屋に雨漏りが発生する可能性もあります。

しかし、もし、塩ビシート防水を撤去せずに、その上からウレタン塗膜防水を施工する方法を選択すれば、防水層を傷つける心配もなく、漏水の心配もありません。工事価格は半分ですむでしょう。

ちなみに、そのマンションでは、昔気質の一級建築士のコンサルタントが頑（かたくな）に「アスファルト防水が一番信頼できる」と譲りませんでした。

同じ保証年数で、価格的にもリーズナブルな代替案は、マンション管理組合にとっても有益なものですが、コンサルタントに任せているだけでは、代替案は生まれない場合もあるのです。工事会社からの提案に少し耳を傾けることで、工事価格を大きく削減できるのかもしれません。

column 防水層をめくること

以前、鉄道系の管理会社から連絡があり、「大規模修繕工事で、屋根（防水層）を撤去して、仮防水しているのだが、階下で雨漏りを発生させてしまった。何が原因か見てほしい」という相談を受けたことがありました。

原因は一目瞭然でした。仮防水はあくまで「仮」であって、本格的な防水とはほど遠く、防水層を撤去したその建物は、そも

そも防水層が1層もないため、「仮防水」からジワジワと染み込んだ雨水が、お部屋内へと流れていることが判明しました。

コンサルタントや管理会社の中には、「防水層を撤去して改修する」という仕様を好む方が大勢います。しかし、雨の多い日本では、防水層を撤去することは、リスクが高すぎるのです。

実際、「防水層の撤去」にこだわっているのは、「日本の中のアメリカ」といわれる在日米軍基地くらいでしょう。

以前、私が経営していた会社が、オバマ大統領が初来日する直前に、横須賀の米軍基地の要人用ヘリポートの改修工事を実施したとき、軍の担当者に、「撤去しない方が、雨漏りリスクが少ないのではないでしょうか？」と、どれだけ訴えても聞き入れてもらえなかった記憶が残っています。

ゲリラ豪雨が頻発する昨今の状況を考えますと、防水層を撤去することはお薦めではないのです。

column ニセモノの代替案（VE案）

代替案（VE案）は、同じ工事範囲・同じ保証年数の仕様を提案することが大前提です。しかし、工事会社の中には、「バルコニー内の窓まわりのシーリング材は紫外線が当たらないので劣化していません、今回は工事対象外にしましょう！」などといって、「工事範囲を減らす代替案」を提案する会社もあります。

工事範囲が減れば、金額が安くなることは当たり前なので、提案自体は有り難いものですが、相見積もりで比較するときは、他の会社の見積書も、同じ条件にしなければ公平ではありません。工事範囲を減らす代替案には注意が必要といえるでしょう。

column

第3章 まとめ

　大規模修繕工事の工事価格を削減する3つの法則は、シンプルですぐに実践できるものばかりです。

法則1　住民参加方式を採用する
　　　　　（設計監理方式を採用しない）
　➡　**工事価格はマイナス20％～30％**

＋

法則2　ポジションの異なる会社に
　　　　　相見積もりを依頼する
　➡　**工事価格はマイナス20％**
　　　※イノベーターが見つかれば品質もアップ!!

＋

法則3　代替案（VE案）を採用する
　●工事後に資産価値として残らない工事は削除・削減
　●リーズナブルな仕様に変更
　➡　**工事価格はマイナス10％～20％**

＝

工事価格は、最大でマイナス50％以上

Episode

　本章の最後に、JR大阪駅前15階建てマンションの大規模修繕工事で、工事価格の削減に成功した事例をご紹介します。

　このマンションの大規模修繕工事では、最初はマンションの管理会社から9000万円の見積書が提示されていました。

　その後、相見積もりによって、さらに業界大手の有名企業5社が見積もりに参加することになりましたが、提示された見積もり金額は、8000万〜1億1000万円で、いずれも工事期間は5ヶ月というものでした。

　管理会社も含めて6社の見積もり金額は、いずれも修繕積立金の総額を超えていたため、疑問を持った管理組合・理事会・修繕委員会は、情報収集を始めました。

　紆余曲折を経て、このマンションの大規模修繕工事を施工したのは管理組合・理事会・修繕委員会が独自に探し出した、まったく別の工事会社でした。いわゆるイノベーターの会社です。

　工事範囲はまったく同じで、代替案（VE案）の提案によって工事仕様に一部変更はあったものの保証年数は同じです。

　工事内容がほとんど同じでありながら、工事金額は、最高額の見積書と比べて約半分の5400万円。工事期間も3ヶ月で完成したのです。

　同じ工事でありながら、

「工事金額が50％減、工事期間が40％減！」。

　区分所有者のみなさまの努力によって、このような工事価格の削減が現実に起こりうるのが大規模修繕工事なのです。

第3章

JR大阪駅前のマンションでの大規模修繕工事比較表

	管理会社	大手5社	イノベーターの会社
工事価格	9000万円	8000万〜1億1000万円	5400万円
工　期	5ヶ月	5ヶ月	3ヶ月
特　色			代替案で仕様を一部変更

ネタバラシ

　実は、前ページの事例は、前著『大規模修繕工事を必ず成功させる本』の冒頭で取り上げたエピソードです。

　前著を読んでくださった読者の方からご連絡をいただき、それ以来、毎年、日本各地の多くのマンションで、このような低価格の工事を実現してきました。

　予算的にかなり厳しい建物もございましたが、マンション管理組合のみなさまの切実なご要望にお応えしようと努め続けた結果、どのマンションでも大幅な工事金額の削減を実現してきたと思います。

　大規模修繕工事の工事金額の削減は、一部のマンションだけで実現可能な特別なものではなく、みなさまが所有されているマンションでも実現可能なものなのです。

第4章

高い技術力の工事会社を見抜く3つの法則

第4章

INTRODUCTION

「安かろう悪かろうの工事」は誰も望んでいませんが、それ以上に最悪の選択肢は「高かろう悪かろう」の工事でしょう。

「高かろう悪かろう」の工事は、修繕積立金をドブに捨てるようなものですから、誰もが忌み嫌うものだと思われます。

しかし、大規模修繕工事の業界に30年近くいますと、この最悪の選択肢を選んでしまうマンションが驚くほど多いという印象を受けます。

高くても安くても「悪かろうの工事」は資産価値の低下につながります。12年に1度といわれる大規模修繕工事のサイクルを早める場合もあるでしょう。

「悪かろうの工事」は絶対に避けるべきなのです。

ところで、多くの方が「名前の通った会社なら、悪かろうの工事をしないはずだ!」と思われているかもしれません。

しかし、大規模修繕工事の業界を30年近く見てきた経験からすると、**たとえ誰もが知っているような有名な会社だったとしても、工事の質がイマイチというケースは珍しくありません。**

なぜでしょう?

実は、大規模修繕工事の業界では、どの工事会社にもこれといった技術的な特徴がありません。会社規模・売上高・工事実績などが一定の水準を満たしていれば、あとは、管理会社やコンサルタントがうまく捌いてくれるため、技術力を高めるための「企業努力」をしなくても成長することができる(できた?)からです。

日本の産業全体を見渡しても、このような業界は珍しいといえるでしょう。

せっかく第3章の「3つの法則」で工事価格を削減することができたとしても、技術力が低い会社に工事を依頼して「悪かろうの工事」になってしまっては元も子もありません。

本章では、会社の知名度や規模などに騙されずに、**「高い技術力の工事会社」を見抜く3つの法則**について、深掘りしたいと思います。イノベーターの会社を見極める参考にもなります。

1　雨漏りを止める技術

高い技術力の工事会社を見抜く法則の1番目は、**「雨漏りを止める技術」**です。

1-❶　「雨漏りを止める技術」の重要性

「雨漏りを止める」技術は重要です。

大規模修繕工事のアフターメンテンスで、最も問題となるのは、「雨漏り」で間違いないでしょう。雨漏りは長期化する傾向が強く、長期化した場合に深刻な問題に発展する可能性があるからです。

実際、管理会社が不適切な雨漏り対応をしたことが原因で、区分所有者から激しい攻撃の対象とされたり、収拾がつかなくなったりして管理会社が交代することも珍しくありません。

また、雨漏りに便乗して、直接被害にあった範囲を超えて、不当に利益を得ようとする居住者もいるようです。

たとえば、リビングに雨漏りが発生したことに乗じて、隣の洋室についても、管理組合の費用負担でリフォームすることを画策したり、リフォーム中に高級ホテルに宿泊し、その費用を

出してもらおうとするなどです。いずれの例も、マンション管理組合の大切な資産である修繕積立金を「直接損害」を超えてまで支払うことは難しいため、マンションによっては雨漏り被害にあっている居住者と、マンション管理組合・理事会との間で、トラブルに発展することもあるようです。

住民同士の間でトラブルが起きても、誰も得をしませんし、禍根(かこん)は残りますから、無駄なトラブルは避けるべきでしょう。

雨漏りは建物の寿命を大きく縮めるおそれがあり、また、管理会社やお住まいの方同士が対立する可能性もあります。これらを考慮すると、「雨漏り」を発生させない工事会社を選ぶこと、および万一「雨漏り」が発生したとしても、それを早急に解決する技術力を持った工事会社を選ぶことが重要なのです。

1-❷ 「雨漏り」対策に建設業界が消極的な理由

どんな分野でも、大企業が本気を出せば、中小零細企業は、ほぼ敵わないでしょう(『下町ロケット』的な例外はありますが……)。

ただ、それは大企業が莫大な人材の中から、エース級のスタッフを選抜し、巨額の資金を投入した場合の話です。

私の経験上、「雨漏り」で本気を出す大企業はゼロのようです。

スーパーゼネコンを始めとする大企業にとっての花形は、「都心部」×「新築」×「ランドマーク」×「高収益」で、どこの誰だか分からない人が、10年以上前に建てた建物を、新築の10分の1程度の薄利で修繕することに興味を抱く経営者や技術者は少ないようです。加えて「雨漏り」は、お客様との細やかな対応を必要とするなどコスパもタイパも悪いため、できれば避

けたいというのが本音ではないでしょうか。

このような資本主義経済の原則と、技術者のモチベーションの問題によって、マンション管理組合や居住者が雨漏りの早期改善を熱望したとしても、大企業から特別な技術は誕生しにくいのが現実なのです。

そのため、「雨漏り」に特化した技術を持っている会社は特別な存在といえるでしょう。

1-❸ 「雨漏り」の原因究明が難しい理由

雨漏りの原因が誰の目にも明らかであれば（たとえば、雨漏り箇所の真上に大きな水の浸入口が開いている場合など）、すぐに雨漏りの原因を特定することができるでしょう。

しかし、そのようなケースはほとんどありません。仮に、あったとしても秒で修繕できるため問題とならないのです。

問題となるような雨漏りは、「雨漏りの原因箇所が、雨漏りの発生箇所から離れている場合」や「雨漏りの原因箇所が目視で確認できない場合」など、難しいケースが多いのです。

外部から浸入した雨水は、建物内の空隙をぬって流れます。5階から浸入した雨水が建物の中を通って、3フロアとばして1階に出てくることもあります。また、建物の端から浸入した雨水が、真横や斜めに走って反対側の端から出てくることもあるのです。

建物の内部の空隙は目視で確認することができませんから、雨漏りの原因箇所が、雨漏り発生箇所から遠いところにある場合は原因を特定することは難しいため、雨漏りの原因を特定する技術は高度なものといえるのです。

第4章

Technical File 1 雨漏りの原因を特定する技術

① 経験則

「雨漏り」が発生した場合、「経験則」を頼りに雨漏りの原因を特定し、改善することが一般的です。昭和の大先輩の多くは、この方法を採用していた印象がありますが、今でも最もポピュラーな方法といえるでしょう。

経験則で雨漏りを改修する方法では、まず「この場所が雨漏りの原因である可能性が高い」というところを修繕し、それでも改善されなければ「次はココがあやしい」という箇所を修繕し、それでも改善されなければ今度は「ココがくさい」箇所を修繕し……というふうに、確率が高いと思われる箇所から順々に漏水の可能性を潰していきます。

しかし、雨漏りの原因である可能性が高いと想定した箇所が、必ずしも雨漏りの原因というわけではありません。経験則にはハズレがつきものです。

また、そもそも雨漏りの原因箇所は1箇所とは限りませんから、すべてを経験則で突き止めることは難しい場合があります。

さらに、雨漏りは「建物全体の劣化の中で氷山の一角」に過ぎず、雨漏り予備軍がいくつも存在している可能性があります。そのような場合、仮に最も激しく劣化している箇所を修繕したとしてもそれによって、その次に劣化している箇所に負荷が掛かるようになり、新たな雨漏りが発生することもあるのです。そうなるとイタチごっこのように、雨漏りと修繕がエンドレスに続くことになります。実際、このような無限ループは多くのマンションで見られます。

また、経験則による調査は、雨漏りの発生時しか実施できま

せんから、晴天や曇天のときはもちろん、たとえ雨天時であっても雨漏りが発生しない限り、調査できないというデメリットがあります。そのため、経験則による調査方法は、漏水の改善までの期間が長期化する傾向にあるのです。

居住されている方にとっては、雨漏りが直るまでの長い間、雨のたびにドキドキしなければならないストレスは並大抵のものではありません。また、漏水のたびに在宅し、工事会社に確認に来てもらうことにも大きなストレスを感じるでしょう。

このように経験則による調査は、効果的な方法とはいえない場合が多いのです。

とはいえ、最も手軽な方法であるため、今も日本中でこの方法によって雨漏りの原因を特定しようとする傾向があります。

②　散水試験・水張り試験

経験則による調査では、雨漏りが改善しない期間が「長期化する」という問題があります。

この批判を受けて、雨漏りが発生する状況を再現し、スピーディに雨漏りの原因箇所を特定しようという考えが生まれます。

雨が降ったときと同じようにホースで散水する「散水試験」がその代表です。しかし、人工的に雨漏りが発生するような状況を作ることは意外に難しく、再現に成功する事例は、それほど多くないようです。

また、屋上やルーフバルコニーなどの排水口を堰き止め、水を溜めて漏水が発生するかどうかを観察する「水張り試験」の方法もありますが、屋上やルーフバルコニーの場合、排水ドレンの周囲に漏水原因が隠れているケースが多く、排水口の手前で水を堰き止めても意味がないという批判もあるようです。

③ 発光液試験・色水試験、特殊ガス感知試験

　少し前ですが、色のついた水や、紫外線ライトを当てれば発光する水を、雨漏りの原因と思われる幾つかの箇所に流し込む方法が一世を風靡しました。

「発光液試験・色水試験」と呼ばれるこの方法は、たとえば、雨漏りの原因と思われる幾つかの箇所から、それぞれ赤・青・黄などの色水を投入し、雨漏りの発生箇所から赤色の水が出てきたら、赤色の投入口が原因と推定する方法です。紫の水が出てきたら、赤と青の両方が原因ということになります。

「色のついた水」は、とても分かりやすく、インパクトも大きかったのですが、そもそも雨漏りの原因箇所を目視で確認できない場合は、雨水の浸入口に色水を流すことができないため、お手上げという欠点がありました。

　また、「水が入ったら建物の寿命が縮まるのに、なぜ水を流すんだ！」という正論の前には沈黙せざるを得ないという欠点もあるようです。この点、漏水箇所からガスを送入して、浸入口で感知する特殊ガス感知試験は、「水」の心配はありませんが、予想外の箇所に浸入口がある場合や、原因が複数箇所ある場合など、難しい場合もあるようです。

　さらに、雨漏りは、湿度の高い雨天時の外部と、湿度の低い雨天時の内部との間に空気圧の差がある場合に、圧力差によって引っ張られる力も影響するため、晴天時の「発光液試験」や「色水試験」では、漏水を再現できない場合もあるようです。

　また費用面でも、「発光液試験・色水試験」などは、たとえ雨漏りの原因を特定できなかったとしても、調査するだけで結構な調査金額が掛かることも難点の一つといわれています。

④　赤外線サーモグラフィ試験

　赤外線サーモグラフィカメラ（赤外線カメラ）で雨漏りが発生している箇所を撮影すると、低温反応を確認できるため、その低温部分を追いかけて行くと、最終的に雨漏りの原因箇所まで辿り着くことができる、という考えから生まれたのが「赤外線サーモグラフィ試験」です。

　赤外線カメラの性能によって異なりますが、高性能カメラの場合、水の通り道は、夏場は4日程度、冬場は2週間程度の間、痕跡が残りますので、雨が降っているときだけではなく、雨が止んだ後も数日は原因の特定が可能になることから、この方法が誕生した直後は画期的だといわれました。

　しかし、低温反応が検出されるのは水の通り道だけではありません。クーラーなどで冷たい風を受けて低温になることもありますし、結露で濡れて低温になることもあるのです。

　結局、正確性に欠けるという弱点を克服することができず、「赤外線サーモグラフィ試験」は、次第に下火となっていった印象があります。

⑤　赤外線サーモグラフィカメラ＋人工知能（AI）技術 　（AIサーモ・ハイブリッド技術）

　上記④で登場した赤外線サーモグラフィカメラで撮影した画像を、人工知能で解析し、低温反応が雨漏りによるものか、結露によるものか、あるいは冷たい風によるものかを分類する技術が、「AIサーモ・ハイブリッド技術」です。赤外線サーモグラフィカメラで撮影した画像に一定の情報を入力することによって、雨漏りの確率が何％かが表示される技術です。

　私が会社を経営していた頃、この技術の一部が中小企業庁の

第4章

「販路開拓コーディネート事業」に認定され、多くの方々の協力を得ながら、雨漏りの改善に取り組ませていただきました。スーパーゼネコン5社のうち3社、管理会社トップ10のうちの4社で、特に難しいといわれていた雨漏りの原因究明に取り組んだのです。これらの調査によって雨漏りのビッグデータが蓄積されたお陰で、この技術が誕生しました。ある意味、業界全体の共有財産と呼べるものかもしれません。

実際、**AIサーモ・ハイブリッド技術**によって、「雨漏りの原因」が分からなかったケースはこれまで一件もなく、上記①〜④の技術で解明できなかった場合に、駆け込み寺的な立場で調査を依頼されることが多いのが特徴です。

他の技術では解明できない「雨漏り」をすべて解決しているという実績を踏まえると、「AIサーモ・ハイブリッド技術」が雨漏りを改善する技術の現時点での最高峰といえるでしょう。

Technical File

1-④ 雨漏りを「修繕」する技術

雨漏りは「原因さえ分かれば誰にでも修繕できる」、そう思われるかもしれません。私もそう思っていました。

そのため、中小企業庁の「販路開拓コーディネート事業」の関係で雨漏り調査を始めた頃は、雨漏りの原因をお伝えし、改修仕様をご提案すれば、あとは別の工事会社が雨漏りを修繕してくれるだろうとお任せしていたのです。

しかし、複数の現場で、「雨漏りが止まらない、調査が間違っているのではないか？」と、厳しいご意見を頂戴することがあ

りました。

　そこで、漏水を修繕する工事が実施された現場をいくつか訪れるようになったのですが、雨漏りが止まっていない現場に限って、なぜかお伝えした箇所とは異なる箇所を修繕していたり、仮防水で止めようとしていたり、提案した仕様と異なる方法で補修工事をしていることが分かりました。

　雨漏りが修繕されない原因は、調査ではなく「工事」そのものにあったのです。

　そのときに気付きました。腕が良いと呼ばれる技術力の高い職人は、そもそも「雨漏り」を起こしません。「雨仕舞い」は工事の基本ですから、雨漏りのリスクが高い箇所は、すべて事前に何らかの対処をしているからです。「雨漏りを発生させるような工事」をする職人は、技術的に何らかの問題を抱えていて、そのような職人にとって、「雨漏りを止める」ことは難しいテーマなのかもしれません。

　それ以来、私が経営していた会社では、「調査だけ」というご依頼はお断りするようにしました。

　「雨漏り」を止めるには、技術が必要なのです。

column 何かあったら心配だから……

　大規模修繕工事では、工事会社を選定するタイミングなどで、コンサルタントから「何かあったら心配ですから……」と、規模の大きい会社や管理会社を薦められることがあります。

　この場合の「何かあった」とは、工事会社が倒産することを意味するようですが、現実的に、工事中に工事会社が倒産する事例は、それほど多くありません。

第4章

　大規模修繕工事の業界に約30年いる中で感じることは、「何かあったら心配」の「何か」に該当する事案は、間違いなく「雨漏り」なのです。

　マンションの区分所有者は、「万一」の場合に備える必要がありますから、「倒産リスク」に備えることは大切です。しかし、それよりも遥かに発生確率の高い「雨漏りリスク」についても同様に備える必要があるように思います。

column

1-❺　「雨漏り」と大規模修繕工事

「大規模修繕工事を実施すれば雨漏りは止まる！」そう考えている方が多いかもしれません。しかし、大規模修繕工事をしたからといって必ずしも雨漏りが止まるわけではありません。

　以前、管理戸数ランキングでトップ3に入るマンションの管理会社の方から、

「大規模修繕工事を実施したけれど雨漏りが止まらない、何回補修工事をしても止まらない、そもそも原因が分からない、なんとかできないか？」

と相談を受けたことがありました。

　詳しい話を聞くと、その会社が東京圏で管理するマンションのうち、50棟を超える建物で「大規模修繕工事をしたのに雨漏りが止まらない！」という問題を抱えていたのです。

　そこで、特に雨漏りが長期化し、問題が大きくなっているマンションについて、AIサーモ・ハイブリッド技術で雨漏りの原因を突き止め、すぐに止水させていただきました。

管理会社としては、数年間も止められずに悩んでいた雨漏りが一瞬で止まったことに驚かれたようで、本社に呼ばれて、止水のノウハウについて講演させていただきました。

　ところで、前述のように、「AIサーモ・ハイブリッド技術」は、業界全体の共有財産（150頁）というのが私の考えでしたので、その管理会社が管理する他のマンションで問題になっている雨漏りについても、その改善に協力を申し出ましたが、それらは施工した防水工事会社の保証期間内という理由で、残念ながら拒絶されてしまいました。

いろいろな会社や会合に招かれて、「AIサーモ・ハイブリッド技術」の講演をしています

　建設業界には、保証期間内に不具合が発生した場合は、施工した会社が責任をもって直すというルールがあります。保証期間内の手直しは無償ですが、別の会社に工事を依頼すればお金が掛かるため、社内稟議的にハードルが高いのです。そのため、たとえ雨漏りを止めることができなかったとしても、防水の保証期間内は、工事を施工した会社が責任を持って止水に努めることが鉄則です。

　防水の保証期間は最長10年ですから、もし、「雨漏りを止める技術」が低い工事会社が大規模修繕工事を実施した場合は、長期間の災難に悩まされることになるでしょう。

　だからこそ、大規模修繕工事の工事会社を選定する際には、「雨漏りを止める技術」を持っているかどうかが重要なのです。

第4章

まとめ

「雨漏り」は被害に遭っている住戸だけの問題ではなく、建物全体にとっても、**寿命を縮め、資産価値を減少**させるため、「静かなる脅威」ともいわれます。

そのため、「雨漏り」が発生した場合「直ちに」雨漏りを止めることが重要です。

そして、「雨漏りを止める」ためには、2つの技術が必要になります。**「雨漏りの原因を究明する技術」**と**「雨漏りを修繕する技術」**です。

このうち**「雨漏りの原因を究明する技術」**は、工事会社側の事情によって、技術開発に取り組む企業が少ないという特徴があります。

また**「雨漏りを修繕する技術」**も、熟練の防水工のレベルを超えた幅広い知識と経験が必要です。

このように、「雨漏りを止める」ための2つの技術は、いずれも難易度が高く、両方を備えている工事会社は少ないため、「雨漏り」はみなさまの想像以上に多くのマンションで発生し、継続しているのが現実なのです。

だからこそ、<u>雨漏りを止めるための2つの技術（「原因を究明する技術」と「修繕する技術」）を持っているかどうかで、「工事会社の技術力を見抜く」ことができる</u>と思われます。

※大規模修繕工事をすれば必ず「雨漏り」が止まるわけではありません。工事をしたかではなく、技術力があるかが重要なのです。

2　下地補修工事の実数精算を不要とする技術

高い技術力の工事会社を見抜く法則の2番目は、「**下地補修工事の実数精算を不要とする技術**」です。

2-❶　実数精算方式とは

大規模修繕工事では、まず、「経年により劣化した箇所を修繕」し、その後、「美観性と機能性を復元・向上させる」工事を行いますが、この前半部分の「経年により劣化した箇所を修繕」する工事のことを「下地補修工事」と呼びます。

大規模修繕工事では、足場の数量も、塗装や防水の面積も、建物の図面を確認すれば明らかになります。しかし、「建物がどれくらい劣化しているか」については、図面を見たからといって分かるものではありません。「建物が実際にどれくらい劣化しているか」、また、「劣化箇所の修繕にどれくらいの費用が掛かるか」は、足場を設置するなどして建物を調査しなければ分からないものなのです。

しかし、だからといって、工事着工後に、何の前触れもなく、「足場を設置して調査した結果、建物がかなり劣化していることが判明しました。膨大な金額ですが、追加でお金をください」と、工事会社から高額の費用を請求されたら、マンション管理組合としては困ります。

そこで、そのような「不意打ち」を避けるため、まず、①工事着工前に「おそらくこれくらい劣化しているだろう」と想定した数量（想定数量）を算出して、それに基づいて契約を締結し、

次に、②足場を設置するなどして、実際に建物が劣化している数量（実数量）を調査し、最後に、③「想定数量に基づく工事金額」と「実数量に基づく工事金額」の差額を精算する、という方法が行われるようになりました。

「想定数量に基づく金額」と「実数量に基づく金額」を精算することから、この方法は**実数精算方式**と呼ばれています。

実数精算方式では、想定数量に基づいて契約を締結しているので、工事後に追加が発生するといっても、実数量と想定数量が近ければ、追加の金額は少額となる可能性が高いことから、「不意打ち」のリスクを低下させることができます。

また、実数精算方式の根底に流れている「建物の正確な劣化状況は、足場を設置するなどして調査しなければ分からない」という考え方は、論理的で公平であるため、マンション管理組合の総意を得やすいという特徴があります。

そのため、現在の大規模修繕工事では、下地補修工事において、「実数精算方式」を採用することが主流となっているのです。

2-❷ 実数精算方式の問題点

実数精算方式は、論理的で公平であるため、今ではほとんどのマンションの大規模修繕工事で採用されていますが、いくつかの問題が指摘されています。

● 問題その1　「実数精算方式」の実態は「言い値・言いなり方式」
　　　　　　　〜「ぼったくり」による実数精算被害〜

実数精算方式の大きな問題点として、工事会社によって劣化数量が多かったように「水増し」される可能性が高いことが指

摘されています。実際は2000枚しか割れていないタイルを3000枚割れていたかのように報告されて、1000枚分を余分に追加請求されるような手口です。

　少し想像すれば分かることですが、普段、足場の上を歩いたことがないマンション管理組合の理事や修繕委員のメンバーが、足場に登り、建物の劣化状況を見て回ることは難易度が高いものです。また、一口に劣化といっても、ひび割れ・浮き・欠損・爆裂、タイルの割れ・タイルの浮きなど、劣化の形態は様々です。足場の上を歩きながら、何種類もある劣化の形態を、項目ごとにチェックしながらメモをとって歩くことは並大抵のことではありません。未経験の方であれば、高所での恐怖心に耐えながら足場の上を歩くだけで精一杯でしょう。

　そのため、仮に工事会社が、劣化数量を不正に操作して、実際より劣化数量が多いように「水増し」したとしても、マンション管理組合の理事や修繕委員が、それを確認することは現実的には不可能なのです。先程の例でいいますと、マンション管理組合の理事や修繕委員にとって、割れているタイルが2000枚なのか3000枚なのか、足場の上を数えながら歩くことは至難の業でしょう。

　劣化数量が水増しされれば、工事が実施されていなくても、その分だけ追加費用が発生しますから、「実数精算方式」の実態は、「工事会社の言い値・言いなり方式」なのかもしれません。

　ちなみに、私の友人は、自分の居住するマンションの大規模修繕工事で、実数精算による追加請求が1000万円を超えたと嘆いていました。マスコミを騒がせている「ぼったくり」による「実数精算被害」が疑われましたが、確認できなかったようです。

第4章

この「ぼったくりによる実数精算被害」は、程度の差はありますが、日本中のあらゆるマンションで起きているような印象があります。

> ### column 交通調査のおじさん
>
> 以前、「ぼったくりによる実数精算被害」をなんとしても回避したいという、強い決意を持った修繕委員長がいました。この修繕委員長は、実数精算方式でぼったくり被害に遭わないように、工事監理を担当していたコンサルタントに、劣化に関する実数量のチェックを依頼しました。
>
> しかし、実数量のチェックは、その修繕委員長が想像するほど短時間で終了する業務ではありませんでした。結局、そのコンサルタントは週に1回の工事監理業務のほとんどの時間を、トラフィックチェッカーを片手に劣化数量をチェックして、図面に記帳する業務に費やされたのです。
>
> マンション管理組合・理事会・修繕委員会が、コンサルタントに期待する工事監理業務は、専門性の高い技術的なものだと想像しますが、残念ながら、この現場でのコンサルタントの業務は交通量を調査するおじさんと同じような業務だったのです。100万円以上の工事監理費用を掛けて、品質チェックもせずに数量チェックに終始することは、もったいない気がします。
>
> column

● 問題その2　マンション管理組合は「ノー」といえない

実数精算方式では、マンション管理組合には「ノー」という

余地がありません。

　実数精算は、足場を設置して、目視または打診によって建物の劣化箇所の調査を行い、劣化箇所をスプレーやテープなどでマーキングした後に、劣化状況を図面に記帳して、それを基に集計表を作成して行われます。

　しかし、調査が建物全体まで進み、スプレーやテープでマーキングされた段階で、果たして、「想定していた以上に劣化数量が多いですね、下地補修工事の費用が予想以上に掛かりそうですから、工事はやめておきましょう。工事をせずに足場を解体してください！」といえるでしょうか？

　マンション管理組合の常識的な判断としては、「高いお金を掛けてせっかく足場を設置したんだから、工事をしないわけにはいかない！　予定通り工事を進めてください」そんな気持ちになるでしょう。

　足場を組んで、マーキングしている以上、引くに引けない状況にあるのです。

　もし、追い打ちをかけるように、管理会社から、「所有者責任の問題もあります、万一、コンクリートやタイルが落下して通行人が怪我をしたら、大きな問題に発展しますよ」とアドバイスでもされたら、余計に「ノー」とはいえなくなるでしょう。

　マンション管理組合としては、どれだけ予算が厳しい場合でも、激しく劣化している建物に足場が設置されている状況に直面すると、「ノー」とはいえなくなるのです。

column　実数精算方式は「見切り発車」が主流

　実数精算方式を「厳格に」適用するのであれば、まず足場を

第4章

設置し、次に建物全体の劣化具合を調査し、その後、実際の劣化数量に基づいて、増減見積書を作成し、それが理事会や管理組合に承認されてはじめて、下地補修工事に着手する、という手続きで進められるべきでしょう。

しかし、建物のすべての部位で足場を設置し、すべての部位で下地の劣化箇所を調査するには、数ヶ月掛かる場合もあります。その間、調査から先の工事を一切進めることができない、というように「厳格に」実数精算方式を適用すると、工事期間は大幅に長期化してしまうのです。

そこで、実際の運用では、足場を設置して下地調査が終わった箇所から、順次「理事会の承認」を得て、工事が進められるという緩やかな実数精算方式が採用されています。いわば「見切り発車」的に、次々に工事を進めていくのが「運用上の実数精算方式」なのです。

「運用上の実数精算方式」では、「理事会の承認」は小刻みに行われるため、小刻みの合計が「想定数量を遥かに超える」という事態も珍しくありません。

「見切り発車」が許されるのであれば、「理事会の承認」は形骸化し、もはや「実数精算方式」とは呼べないという意見もあるようです。

column

● 問題その3　工事会社がお金を返すことはない

実数精算方式では、「実際の劣化数量（実数量）が、想定数量と比べて少なかった場合でも、返金されるケースは皆無」という問題が指摘されています。

そもそも実数精算方式では、想定数量と実数量を比較して、実数量の方が多い場合は追加費用が発生し、実数量の方が少ない場合は返金、というのがあるべき姿でしょう。

　しかし、この業界に30年近くいますが、返金になった話を耳にしたことは数えるほどしかありません。

　工事会社の立場からすると、売上が下がることは困ります。一方で「問題その１」でも指摘したように、劣化数量は多かったように「水増し」される可能性が高く、たとえ「水増し」されても、マンション管理組合の理事や修繕委員はチェックすることが難しいため、想定数量と比べて実数量が少なかったとしても、正直に「少ないから返金します」とはならないようです。

　そして、さらに大きな問題もあります。

　それは、「想定数量は最初から多めに設定されている」ことです。コンサルタントや管理会社の立場からすると、想定数量が少なかったために、工事着工後に追加費用が発生する事態はできれば避けたいのです。

　追加が発生すると、コンサルタントや管理会社は、理事会や修繕委員会から非難される場合があります。ひどい場合は、「追加の請求分をコンサルタント費用から減額するぞ！　想定数量を見誤ったことにも責任があるでしょ！」といわれることもあるのです。

　そのため、下地補修工事における想定数量は、最初から多めに設定されていることが大半といわれています。想定数量が多めに設定されていれば、実数量の方が遥かに少ない可能性もあるわけですが、上述のように、「水増し」される可能性が高いため、減額されることは皆無に等しいというのが現実なのです。

第4章

column コンサルタントのメンツ

　今から20年以上も昔の、私がまだサラリーマンの現場監督だった時代の話です。

　上場している大手ゼネコンが、コンサルタントと蜜月の関係にあり、大手ゼネコンの下請けとして、私が修業していた会社が工事一式を請け負っていました。

　そのマンションは阪神淡路大震災で大きなダメージを受けており、共用廊下の床が抜けて下の階が見えるほどに建物が劣化していました。

　しかし、コンサルタントは、事前調査で「あまり劣化していない」と判断し、それを前提にした下地補修工事の想定数量は、実際の劣化数量（実数量）と比べると、かなり少なく設定されていました。工事着工後に細かくチェックすると、想定数量の10倍以上も劣化していることが判明したのです。もちろん、マンション管理組合には、これほどの劣化箇所を修繕するだけの予算がありません。

　震災を経験しているそのマンション管理組合は、激しく劣化していることを肌感覚で気付いていましたし、近所で多くの人が建物の倒壊で亡くなったことを目の当たりにしていましたので、「とにかく徹底的に修繕してほしい」というのが総意だったように思います。多くの居住者の方が連日のように現場事務所に差し入れを持ってお話しに来られていたほどです。

　しかし、元請け会社の工事部長の反応は、マンション管理組合とは真逆でした。コンサルタントが設定した想定数量の10倍もの劣化があることを報告した私を呼び出し、「貴様は何てことをしてくれたんや！　先生（コンサルタント）の顔を立

るんがワシらの仕事やろ！　適当に工事して追加費用が出えへんようにせんかい！　ええか、先生に迷惑かけるんとちゃうぞ！」と凄（すご）まれたのです。

　その工事部長に「毎日、居住者と顔を合わせて、キッチリしてと頼まれているのに、それ（手抜き工事）は無理ですよ」と答えると、翌日、マンションの掲示板には、「現場監督の阿部は心労のため、この現場からはずれることになりました」という張り紙が貼られ、私のピンチヒッターとして別の現場監督が事務所を陣取っていました。

　その日から、大手ゼネコンの現場監督によって「大掛かりな手抜き工事」が始まりましたが、居住者から見れば、丁寧な工事と手抜き工事の差は歴然です。

　急遽、臨時総会が開催され、大荒れの議場で追い詰められた大手ゼネコンの営業担当者はすべてを白状し、コンサルタントは契約解除、大手ゼネコンは現場監督を私に戻して工事を完成させるということで合意に至りました。予算不足の問題は、足場を設置しなくても施工可能な屋上と廊下の工事を数年後に先送りすることでクリアしたのです。

　実数精算方式で、想定数量が実数量よりも遥かに少なかった場合でも、メンツを重んじる建設業界では、このような大きな問題に発展することもあるのです。

　工事会社にとってコンサルタントという存在は毎年多くの工事（お金）を運んでくれる商売繁盛の神様のように崇（あが）め奉（たてまつ）られることがあります。一方、工事中のマンションは「釣った魚に餌はやらない」の精神で、たとえ上場している大手ゼネコンの工事であっても、手を抜かれる場合もあるのです。

── *column* ──

第4章

Technical File 2 実数精算方式に代わる技術

　実数精算方式は、「足場を設置するなどして調査しなければ、建物の劣化状況は分からない」という至極当然な理論に支えられているため、強く支持され、広く導入されてきましたが、**「法外な追加請求」**や**「ぼったくりの温床」**となっている点で大きな社会問題となっており、改善が求められています。

　悪質な工事会社の中には、「実数精算の項目があれば、工事着工後に『ぼったくり』できる」だろうと想定して、安く受注し、最終的に実数精算で「ぼったくって」「黒字に持っていく」ことを営業戦略としている会社もあるようです。

　今や大きな社会問題となっている「実数精算」による「ぼったくり追加請求」を解決すべく、実数精算方式に代わる方法を提案する会社もいくつか現れるようになっています。

● 実数精算方式に代わる技術の具体例 ●

① 係数算定方式

　実数精算方式が一般化した背景には、「建物の劣化状況は足場などが設置されなければ分からない」、という考えがあります。

　しかし、「正確な劣化状況」は足場などが設置されるまで分からないとしても、ある程度の劣化状況を「推定」する方法は、本当にゼロなのでしょうか？

　建物全体の劣化状況を「推定」する方法として、**「係数算定方式」**というものがあります。たとえば、最上階の南面を100としたら、西は90、東は80、北は60、同じように１階の南面は80、……といった具合に係数を掛け合わせて、全体の劣化状況を把握するという考え方です。

係数算定方式によれば、理論的には、どんな建物でも、1階まわりや屋上などで打診調査や目視調査が可能ですから、一部を調査できれば、あとは係数と面積比を掛け算すれば、建物全体の劣化状況を推定することができると考えられています。

　20年以上前に『建築知識』という専門誌に掲載されてから一般化し、様々な工事会社が、独自の経験則に基づいて「係数」に修正を加えた結果、かなり実態の数量に近づいているようです。

　しかし、問題もあります。

　建物の劣化状況は、新築時の天候や作業方法によって異なるため、たとえば5階の東面だけ広範囲にタイルの浮きが見られるなど、一部だけがイレギュラーに激しく劣化しているような場合には、その正確性に問題が生じるのです。

　そのため、「係数算定方式」だけでは正確性に不安があるという理由で、「実数精算方式」と併用されるケースが多いようです。

註／「実数精算方式」の想定数量は、たとえば、ひび割れ0.3％、浮き0.5％などと漫然と劣化数量を想定する、いわば「机上の空論」なのに対して、「係数算定方式」は、1階まわりや屋上など手の届く範囲での打診調査と目視調査で確認した一部の劣化状況を基に、工事会社の独自データと照らし合わせて、全体を類推する方法である点が大きく異なります。一部の調査を行って数量を算出する「係数算定方式」の方が、より実態に近い数値を予測できるといえるでしょう。

②　経験算出方式（伝説の伝統芸）

　実数精算方式に代わる方式として、「経験算出方式」が注目されています。

　「経験算出方式」の歴史は古く、「一流の職人は現場を見ただけで、頭の中で工事の完成までが描かれる」という伝説の伝統芸

がルーツになっています。

　私が修業していた頃にも、別の会社の大ベテランと思われる職人が突然現場にやってきて、建物を10分程度巡回した後に、「塗装120人、防水65人、下地補修75人……」など呟きながら去っていったのを覚えています。頭の中では、工事着工前にすべての工事が完成していたのでしょう。

　この「伝統芸」によれば、建物を見ただけで下地の劣化状況は分かるはずですから、「足場などを組まなければ劣化状況が分からない」という実数精算方式の前提を覆すことができます。

　しかし、「伝統芸」は相見積もりの世界とは相容れません。信用できないという人もいるでしょう。そのため、令和では「経験算出方式」は一部の伝説的な会社を除いて、採用されなくなっているようです。

③　赤外線カメラ

　2008年の建築基準法関連の法改正によって、特殊建築物の定期報告で「赤外線サーモグラフィカメラ（赤外線カメラ）」を使用して外壁調査を実施することが一般化されるようになりました。これに伴い、特殊建築物だけでなく、一般的なマンションでも、赤外線カメラを使って外壁の劣化状況を調査する企業が増えています。

　赤外線カメラで建物を撮影すると、水が浸入しているひび割れなどの箇所は、周辺に比べて温度が低く、青い低温反応として映ります。反対に、タイルやモルタルなどが浮いている箇所は、その浮いている部分の裏側に入り込んだ空気が周囲に比べて気温や直射日光の影響を受けて温度が上がることから、赤い高温反応として映ります。この温度反応の特徴を利用して、建

物がどれくらい劣化しているかを把握しようというのが、「赤外線カメラによる外壁診断」です。

コロナ禍によって、赤外線カメラは一気に市民権を得るとともに、技術革新も進みましたが、今なお欠点も残っています。

たとえば、建物の外壁を撮影して、赤い高温反応になった場合、それがタイルやモルタルが浮いていることが原因なのか、それとも直射日光が当たって表面が暖かくなっているだけなのか、判別することが難しいのです。これとは反対に、青い低温反応になった場合、それが、日陰だったことが原因で低温反応になったのか、水が回って低温反応になったのか、判別することは難しいといえるでしょう（低温反応については、雨漏りの原因調査の項［149頁］でも述べました）。

そのため、赤外線カメラだけでは、建物の劣化状況を正確に把握することは無理であるという考えが一般化し、今では赤外線カメラは実数精算方式に代わる技術ではなく、せいぜい実数精算方式を補完するレベルが限界といわれています。

④　AIサーモ・ハイブリッド技術

149～150頁で、私が開発した「赤外線サーモグラフィカメラと人工知能（AI）を組み合わせた技術（AIサーモ・ハイブリッド技術）」によって、雨漏りの原因を特定する方法についてお話ししました。技術の一部が中小企業庁の「販路開拓コーディネート事業」に認定されたことにより、大手ゼネコンや管理会社のOBを始め、多くの方々の協力を得てデータが蓄積され、雨漏りの原因が分からないケースが一例もないほどに高い精度を誇っている技術です。

当初は、この技術は「雨漏り原因」の特定だけに有効だと思

われていましたが、その後「建物の劣化状況を調査する際にも利用できるのではないか？」と思うようになり、技術革新とビッグデータの蓄積に励んだ結果、かなりの高精度で、建物の劣化状況を判断できるレベルにまで確度を上げることができるようになりました。

このAI技術によって、赤外線カメラの弱点といわれる「高温反応の原因が、日当たりなのか、タイルやモルタルの浮きなのか？」あるいは、「低温反応の原因が、漏水なのか、日陰なのか？」を高確率で判別することができるようになっています。

AIサーモ・ハイブリッド技術によれば、工事着工前、すなわち足場などを設置していない段階で、建物の劣化状況が分かるため、「実数精算方式」に頼る必要はありません。見積もりの段階で、下地補修工事にいくら掛かるかを算定して、金額を確定することができるのです。そのため、「実数精算によるぼったくり被害」の心配はありません。

実数精算方式とは真逆に位置し、工事着工前に下地補修工事の金額を確定させることができるこの方法は、**「金額固定方式」**とも呼ばれます。

もちろん、人工知能技術といっても、全面打診調査に比べれば正確性は劣ります。しかし、10年近い運用の中で、事前に判定した下地の劣化数量が大きく外れたことはありません。調査責任として追加費用なく施工できるレベルの誤差の範疇です。

建物の劣化状態が分かれば、下地補修工事に、毎日何人くらいの作業員が必要で、それが何日掛かるかも分かりますから、人材の早期確保が可能となり、工事期間の短縮と工事金額の削減にも繋がっているのです。

Technical File

まとめ

「多くの会社にとって」、足場などを設置しなければ、建物全体の劣化状況を把握できないことは事実であり、「実数精算方式」は必要悪と捉える考え方も根強く残っています。

しかし、「必要悪」と諦めていれば、「ぼったくりによる実数精算被害」を回避することはできません。

実際に志の高い会社では、「実数精算方式」以外の方法を開発し、その精度を高めようとしています。

そのような高い技術力を備えた会社を見極めることによって、安心安全な大規模修繕工事を実現することができるのではないでしょうか。

第4章

column 面ごとの大規模修繕工事

もう10年以上も前の話です。

突然、知らない番号から着信があり、「君が、アンコールワットでトライアスロン大会を開催した人かね？」と唐突に聞かれたことがありました。

「そうですけど……」と答えると、

「同じことを道頓堀川でもできるかね？」と続き、

「おそらくできると思います」と答えると、すぐに電話が切られました。

「一体何だったんだろう？　いたずら電話だろうか？」と思っていたら、数日経った昼間に再び電話が鳴り、秘書のような人が「テレビを点けろ！」というのです。

堺屋太一さんの提案で、大阪の道頓堀川に世界一長いプールをつくる計画が始まっていることを知った瞬間でした。

その後、私の会社も一級建築士事務所として道頓堀川のプールプロジェクトに参画することになり、設計業務を担当しましたが、残念ながらこのプロジェクトは頓挫してしまいました。

本書は、大規模修繕工事を「安く」成功させるノウハウをお伝えすることがテーマですから、それと対極にある、工事価格

を「高く」するコンサルタントの業務についてはネガティブな立場をとっています。

しかし、コンサルタントのすべての業務が工事価格を上方修正するわけではありません。私が経営していた会社でも、道頓堀川にプールをつくるといった設計業務だけでなく、マンションの大規模修繕工事のコンサルタント業務を手掛けています。

いわば、コンサルタントは同業者といえるのです。

しかし、コンサルタント業務を展開する中で、他のコンサルタント会社と差別化したサービスもありました。前述の**「AIサーモ・ハイブリッド技術」を応用し、マンションの外壁の劣化具合がそれほど進行していない場合は、「大規模修繕工事の実施時期の先送り」をご提案する**サービスです。

一般的なマンションでは、南面や西面の劣化は激しく、北面や東面の劣化はそれほど進行していないことが多いため、人工知能技術で、劣化が進んでいないことが確認できた面については、大規模修繕工事の先送りが可能なのです。

ただ、すべての面を先送りするものではなく、劣化が激しい一部の面（たとえば南面や西面）は施工するため、

「数年後にすべての面の大規模修繕工事をするのであれば、一気に工事をやってしまいたい」、「マンション全体の長期修繕計画を作り直さなければならなくなるから面倒だ」

という意見も根強かったことから、「面ごとの大規模修繕工事」の採用実績は、これまでそれほど多くありませんでした。

しかし、「修繕積立金が足りない」という新しい課題と向き合っている今、「面ごとの大規模修繕工事」という考え方が再び脚光を浴び始めているようです。

column

3　優秀な現場監督

　高い技術力の工事会社を見抜く法則の3番目は、**「優秀な現場監督」**の存在です。

　たまに、現場監督よりも「職人」の方が重要だという方もおられます。確かに優秀な職人だけを集めることができれば、現場監督は「交通整理」だけをしていれば良いのですから、その考えも間違いではないでしょう。

　しかし、大規模修繕工事の業界では、工事の着工件数は右肩上がりに増加しているのに対し、「職人」の数は右肩下がりに減少していますから、「よくない職人」が現場に入ってくる確率も日に日に増えています。

　現場サイドとしては、出来るだけ「よい職人」を集めつつ、万一「よくない職人」が来た場合でも、教育・指導によって「よい職人」に近づけるしかありません。

　そして「よい職人」に近づけることができるかどうかは、現場監督の力量に左右されるところが大きいため、「高い技術力の工事会社」には、必ず「優秀な現場監督」がいるのです。

　ところで、現場監督の優秀さを、マンション管理組合・理事会・修繕委員会のメンバーが見分けることは難しいかもしれません。たまに、「それなりに名前の通った会社には、優秀な人材が集まる」と誤解される方もいます。「大企業には優れた人材が集まり、中小企業には残りものが群がる」という方もいるようです。

　しかし、私が30年近くこの業界を見てきた感覚では、300世帯を超えるような大型物件を除くと、会社規模と現場監督の優秀さは関係がないような印象があります。大規模修繕工事には

エース級が登板しないからです。

では、現場監督のどこを見れば、「優秀な現場監督」かどうかを、見分けることができるのでしょう？

これまで「現場監督の能力」について、踏み込んで検証されたことはありませんでした。せいぜい資格があるかどうかといった表面的なものだけだったように思います。しかし、資格をどれだけ多く取得して「スキル」を身につけても、「センス」が磨かれるわけではありません。多くの研究で示されているように、管理職はセンスが求められるものであり、現場監督は管理職に他ならない以上、「資格」だけで現場監督の能力を判断するには限界があるのです。また、たとえ資格や経験があったとしても、そのすべてを工事に反映させることができるかどうかは別問題でしょう。職人の質が予想外だったり、天候に恵まれなかったり、体調がすぐれなかったり……、環境を言い訳にする現場監督の手に掛かれば、できない理由はいくらでも見つかるからです。

そこで、本節では現場監督の優秀さを測る基準として、ビジネスパーソンの管理職の評価基準としても用いられている、

①実現力

②環境創造力

③対応力

の３つをピックアップし、現場監督の能力を深掘りしたいと思います。

なお、専門性が高いものも含まれていますが、出来るだけ平易に書きましたので、工事会社の選定の際のヒアリングにおいて質問するなどして、工事会社や現場監督の技術力を推測する一助として利用していただければ幸いです。

第4章

3-❶ 実現力──知識・経験を実現する能力

　ドイツの建築家が言ったとされる「魂は細部に宿る」という言葉。この言葉は、そのまま「現場監督の魂は細部に宿る」と置き換えることができます。

　では、大規模修繕工事において現場監督の魂が宿る「細部」とは、具体的にどのような場所をいうのでしょうか？

　ここでは数多くの「細部」の中から3つの例を取り上げ、それぞれの「細部」について、現場監督の**「実現力」**（知識・経験を実現する能力）について考えたいと思います。

3-❶-(1)　タイルの貼り替え

　大規模修繕工事では、割れているタイルや広範囲で浮いているタイルを撤去し、新しいタイルに貼り替える工事を行います。

　ただ、街を歩いていると、明らかに貼り替えたタイルの色や柄がマッチしていない建物を見かけることがあります。パッチワークのように見栄えが悪いため、資産価値としてもネガティブなイメージを抱いてしまいます。

　もし、新築時のタイルの余りが潤沢に保管されていれば、その新築時のタイルを貼ればパッチワークの問題は起こりません。メーカーで同じ品番のタイルが販売継続中の場合も同様です。

　しかし、ほとんどのマンションでは、新築時のタイルの在庫がなく、また、汎用品のタイルでも10年もすれば廃番になっていることが多いため、大規模修繕工事では新たにタイルを調達する必要が出てくるのです。このタイルの調達の段取りを観察すれば、現場監督の**「実現力」**を垣間見ることができます。

Technical File 3 タイルの調達方法

① 特注のオーダーメイドのタイル（特注タイル）

　特注のオーダーメイドのタイル（特注タイル）とは、現在の建物に貼ってあるタイルと同じ大きさ・色・柄のタイルを特注焼きするという方法です。一昔前は、この方法が主流でした。

　特注焼きの作業工程は、まず、現在の建物に貼ってあるタイルをサンプルとして撤去し、それと大きさ・色・柄がマッチするような見本タイルを依頼することから始めます。

　そこから約2週間で見本タイルが届きます。しかし、見本と現物が1回でピッタリ合うことは稀です。2回、3回と見本焼きを繰り返すうちに、少しずつ現在のマンションのタイルに近づき、やがてドンピシャのタイルとなるのです。

　そこからようやく本焼きへと移り、本焼きを依頼してから1～2ヶ月で、特注タイルが現場に届きます。見本焼きから始まって、特注タイルが現場に届くまでに長くて3ヶ月くらい掛かると考えておいた方が良いでしょう。

　しかし、「大規模修繕工事は時間との戦い」です。通常、全体の工事期間は3～4ヶ月ですから、タイルの製作だけで3ヶ月も掛かるのであれば、工事に着工してからタイルの手配を始めていたら間に合わなくなります。この時間的な問題が特注タイルの最大の問題点といわれています。

　また、特注タイルにはもう一つ別の問題もあります。それは一窯の単位で依頼するため、発注数量が最低1万枚以上という条件がある点です。

　一般的なタイル貼りのマンションの大規模修繕工事では、タイルの貼り替えは1000枚～3000枚程度といわれていますから、

1万枚も特注すれば、かなりの数のタイルが余るため、管理組合としては、次の大規模修繕工事まで余ったタイルを保管しなければならなくなり、保管場所の問題が発生するのです。

特注タイルは、現状のタイルに限りなく近い風合いのタイルを製作することが期待できますが、「時間が掛かる」「少数ロットに対応できない」「保管場所」という問題があるのです。

② セミオーダーのタイル

特注のオーダーメイドのタイルの問題を解消すべく、近年、既製品に釉薬などを塗布して焼き直すセミオーダーのタイルが注目を集めています。

セミオーダーでも特注と同様に、見本焼きでは、タイルの色と柄がマッチするまでに1ヶ月程度の時間を要しますが、本焼きを発注してからは2週間程度で現場にタイルが届きます。また大規模修繕工事で最もニーズの高い1000枚程度の小ロットに対応できることも魅力の一つでしょう。

しかし、セミオーダーのタイルにもデメリットがあります。特注タイルに比べると、色・柄が合わないのです。私も何回か依頼したことがありますが、3回に1回は「これが限界です！」と全然マッチしていないタイルを渡されたことがあります。3回に1回がダメというのは、大きな問題です。

また、金額も高額で、最近では特注タイルと変わらないレベルにまで値上がりしているようです。数量は特注タイルの10分の1であるにもかかわらず、金額がほぼ同じというのは、かなりの割高といえるでしょう。

「大規模修繕工事は時間との戦い」という一面があります。2週間で本焼きが届くという前提で工事予定を組んでいますから、

色・柄が合わないタイルが届き、「これが限界です！」とタイル業者に告げられたら、どうすべきでしょう？

マッチしていないタイルを貼って、資産価値の下がるようなパッチワークの建物にするべきでしょうか？　それとも更に３ヶ月掛けて、特注タイルを製作するべきでしょうか？

ちなみに、これは仮定の話ではなく、私の経験では３割の確率で発生している現実的な問題なのです。

最近、街で見かけるタイルの色や柄がマッチしていない建物の中には、「これが限界です」と告げられたタイルを仕方なく貼って、パッチワークになっているケースが少なくないように感じます。

③　タイルの再利用

セミオーダーのタイルにしろ、特注のタイルにしろ、サンプルで届いたタイルを「ドンピシャ」のレベルに近づけることができるかどうかは現場監督のこだわり（実現力）にかかっています。

現場監督の姿勢が不十分な場合、特注のはずなのに、現状のタイルとは程遠いタイルが出来上がるのです。

現場監督のパーソナルな能力（実現力）に左右されることなく、「ドンピシャ」のタイルを作る方法はないかと考えられて生み出されたのが、「タイルの再利用」という方法です。

大規模修繕工事では、広範囲でタイルが浮いている箇所があります。また、建物の東西南北のすべての面が外部から見えるわけではなく、中には隣の建物の影響などで、外部からは見えない箇所もあるでしょう。

そこで、「見えない広範囲の浮きタイル」を慎重に剥がして、

「見える部分」の割れたタイルを、その剥がしたタイルに貼り替えようというのが、タイルの再利用の考え方です。

理屈としては素晴らしい方法に思えるのですが、業界では「机上の空論」という意見が多数を占めているようです。

まず、現実的に「見えない広範囲の浮きタイル」だけで、すべての割れているタイルを貼り替えることができるのか、という問題があります。そのようなマンションもあるかもしれませんが、そうでないマンションも多いでしょう。貼り替えるタイルの数がどれくらいあって、広範囲で浮いているタイルのうち再利用できるタイルの数がどれくらいあるかは、工事着工前に特定することは難しく、タイルの再利用はリスクが大きすぎるのです。

また、費用の問題もあります。浮いているタイルを慎重に剥がし、剥がしたタイルを慎重に運んで使えそうなタイルを選別し、剥がしたタイルの裏側を慎重に削って貼れる状態にする、という作業は、かなり繊細な作業です。特注のオーダーメイドのタイルは1万枚で50万円が相場（値上がり前）ですから、一枚単価は50円くらいですが、先ほどの一連の繊細な作業を、タイル職人に一枚50円でやってと頼んでも断られるでしょう。その100倍以上の費用を請求されるのではないでしょうか。

結局、タイルの再利用は、タイルの貼り替え枚数が10枚程度の場合など、施工可能なシーンが限られているように思われるのです。

④ 既製品のタイル

既製品のタイルで、現状のタイルと大きさ・色・柄が「ドンピシャ」にマッチする場合もなくはありません。

そのような既製品のタイルが見つかれば最高です。既製品のタイルであれば、少数の発注も可能ですし、金額も安いですし、在庫があれば翌週には入荷されます。

　しかし、タイルの色も柄もマッチしていないのに、「予算がないから」という理由だけで、既製品のタイルを使うことはお薦めしません。

　確かに、既製品のタイルの金額は、数量にもよりますが、5万円程度と特注タイルより45万円程度も安いものです。少しでも工事金額を下げたいと考えるマンションでは、この45万円の差は大きく、既製品を選択したいという考えも理解できなくはありません。

　しかし、色や柄がマッチしていないタイルによって、建物の資産価値が大きく損なわれることを考えると、特注してタイルの色と柄を合わせた方が、遥かにメリットが大きいように思われるのです。

まとめ

　建物の資産価値を第一に考えるなら、貼り替え予定のすべてのタイルについて、色と柄が現状のタイルに最もマッチするタイルを調達すべきと思われます。

　そう考えますと、特注のオーダーメイドのタイルが現時点ではベストな方法といえるでしょう。

　もちろん、特注タイルの場合は、時間が掛かるという欠点がありますので、工事着工の2ヶ月くらい前までに契約を締結し、すぐにタイルの見本焼きを依頼するくらいのスケジュール感で進めることが必要です。

　実際、優秀な現場監督は、工事着工の2ヶ月くらい前からタ

第4章

イルの準備を始めます。

　ただ、特注のオーダーメイドといっても、その精度は、現場監督の心構えで大きく変わります。たまに「タイルなんて、特注すれば、どの工事会社でも同じじゃない？」と発言されるマンション管理組合の方もおられますが、そんなに簡単なものではありません。セミオーダーはもちろん、特注のオーダーメイドであっても、色や柄がマッチしていないタイルを貼っているマンションはいくらでもあるのです。

　タイルが合っているかどうかは、まさに「現場監督の能力（実現力）」によって左右されるといえるでしょう。

Technical File

3-❶-(2)　塗装面のパターン復旧（肌合わせ）

　大規模修繕工事では、天井や外壁の塗装面が、経年劣化によって、浮いたり爆裂したりしていた場合、それを撤去して、補修する必要があります。

　この補修作業は、コテで仕上げますので、補修した箇所の表面は、ツルッとしたフラットな状態になりますが、補修していない箇所は、ブツブツや凸凹などの「吹付け」工法で出来た模様が残っています。

　もし、補修によってフラットになった部位を、その上からローラーで塗装すれば、天井や外壁の塗装面は、ブツブツや凸凹の模様のある部分と、補修によってフラットになった部分が混在し、見栄えの悪い建物になるでしょう。

　そこで、元々の天井や外壁についているブツブツや凸凹と同じような吹付け模様をつけ直す作業が必要になります。この作

業をパターン復旧(肌合わせ)と呼びます。

　パターン復旧は、元々の模様が、吹付け工法でつけられたのであれば、同じように吹付け工法で行われますが、近年では、「吹付け」工法ができない塗装職人が増えており、その場合、吹付けの模様を強引にローラーで再現しようとしているようです。

　しかし、「吹付け」でできた模様を、ローラーで完璧に再現することはできません。パターン復旧を行う塗装職人自身もそれを承知で、「これが限界です」と現場監督に泣きを入れることもあるようです。もし、現場監督が「仕方ない」で済ませれば、残念なパターン復旧によって、建物の資産価値は大きく損なわれることになるでしょう。実際、そのような建物は、街を歩いていると頻繁に目にします。

　吹付け技術を持った職人が少ない時代だからこそ、パターン復旧へのこだわりを貫いて、補修跡を目立たないようにできるかは、現場監督の能力(実現力)にかかっているのです。

　肝が据わっている現場監督なら、パターン復旧を4回も5回もやり直させることもありますし、納得がいかない場合には、左官職人を入れて、補修した箇所だけでなく、健全な箇所も含めてすべて左官でフラットにしてから、吹付けをやり直させることもあります。それくらいパターン復旧が、建物の資産価値を左右することを理解しているからです。

3-❶-(3)　建築は直線の美学

「建築は直線の美学」といわれます。大規模修繕工事では、どこまで直線の美学を追求しているかで、現場監督の実現力、ひいては工事会社の技術力が分かるのです。

　直線の美学の例として**「天井と外壁の入隅部」**について詳述

第4章

しましょう。

　天井が塗装で、外壁がタイル貼りの場合、天井を塗装する際には、塗料が外壁タイルに付着しないように、タイルを養生します。

　しかし、タイルと目地との間には、1㎜程度の僅かな段差があるため、養生してもタイルとタイルの間の目地の部分に微妙な隙間が発生し、塗料が目地から垂れたり滲んだりします。そうすると、入隅と呼ばれる天井と壁との境となる部分はガタガタになり「直線の美学」からは遠いものになります。「直線の美学」を貫くためには、何らかの工夫が必要なのです。

　この何らかの工夫として、関東の職人はコークボンド、関西の職人は粘度の高いシーラーを塗布して、タイルとタイルの間の目地の段差を埋め、養生の隙間から塗料が滲んだり、垂れたりしないようにすることが多いようです。

　これとは別のケースで、天井も外壁も塗装の場合、両者の塗料の種類は異なりますので塗り分けが必要となります。両者の塗り分け一般には入隅と呼ばれる天井と外壁の境となる部分で行われますが、天井と外壁の入隅は必ずしも一直線というわけではないため、「直線の美学」を重視する現場監督は、入隅から数ミリ下げたところで直線のラインを通しています。

　大規模修繕工事では、これ以外にも防水の巾木の直線や玄関扉やPS扉の小口の直線、床シートの直線と柄合わせ、シーリングの直線など、「直線の美学」が仕上がりの美観性に影響を与える部位に溢れています。これらの仕上がりの良し悪しは、すべて現場監督の実現力に左右されるものなのです。

　細かい話のように思えるかもしれませんが、美しく見える建物には、必ずその理由が存在するのです。

まとめ　実現力と「鏡の法則」

　現場監督には「鏡の法則」があるといわれます。「鏡に自分の姿が映るように、現場監督の仕事に対する姿勢が、現場に映し出される」のです。

　時間を厳守する監督の現場では、遅刻する作業員などいませんし、妥協を許さない監督の現場では、細部に至るまで完成度が高い工事がなされるのは、鏡の法則の現れでしょう。

　本項で挙げた魂が宿る「細部」の3つの例（タイルの色・柄、塗装のパターン復旧、直線の美学）は、決してマニュアル化されたものではなく、現場監督の工事に対する姿勢から自然発生的に生まれるものです。

　この3つの例以外にも、たとえば、排水ドレン周辺の納まりや、水切り金物の設置方法など、魂が宿る「細部」の具体例はいくらでも存在しています。

　そして、それらが大規模修繕工事に反映されるかどうかは、「現場監督の実現力」にかかっているといえるのです。

「直線の美学」や「細部」への強いこだわりは高い技術力の証しです

3-❷ 環境創造力——現場の空気を創る能力

　現場監督のパーソナリティによって、現場の空気はガラッと変わります。小中学校で、先生が変わると授業の雰囲気が変わるのと似ています。どんな会社でも、社長や部長が現場に来ると、ピリッとした空気に変わり、現場は引き締まるものです。

　脳科学的には、適度な緊張感があった方が、良い仕事に繋がるようですが、優秀な現場監督ほど、適度な緊張感のある「現場の空気づくり」に心血を注いでいます。

　もちろん、自然に適度な緊張感を創り出すことができる現場監督もいますし、それとは反対に、「空気」を創ることを諦めて、職人に舐められている監督もいます。舐められた監督の現場は、職人の言いなりになっていて、あまり良い仕事に繋がっていないように感じます。

　ここでは個性的な3人の監督を例に、現場監督の**「環境創造力」**について考えてみたいと思います。

3-❷-(1) 元自衛官のスパルタ監督

　以前、元自衛官が監督を務める現場があり、その現場監督は、2階建ての現場事務所の窓からジャンプして1階で整列している作業員の前に着地し、午前8時から朝礼を始めるというユニークさの持ち主でした。北海道の某基地での行動が染み付いているらしく、「飛ばなきゃ気合が入らねー」と熱語りする姿が印象的でした。

　体力と筋肉がみなぎっているその現場監督は、足場の中でも駆け足が多く、バルコニーや廊下の床のチェックを、凄まじい

スピードのほふく前進で行うなど、まるで圧が服を着ているかのようで、検査される側の職人は圧倒され、緊張しすぎて、心が持たないと嘆く職人もいたほどです。

しかし、真っ直ぐに現場に向き合う姿勢を批判する者はおらず、それが功を奏したのでしょう、最終的には完成度の高い工事を実現していたことを覚えています。

3-❷-(2)　鉄拳制裁の暴力監督

もういなくなったようですが、伝説的なラグビー部出身の現場監督は、鉄拳制裁の衝動を抑えることができず、よく現場にパトカーが出動していました。

遅刻した作業員に腕立て伏せをさせることは当たり前で、エレベーターに「ペンキ屋参上」と落書きした職人は、すぐにビンタされていました。その監督がいうには、学生時代によくないプレーをすると、グラウンドの端まで連れて行かれてビンタされていたようで、ビンタされて後方によろめくと、追撃のビンタをされ、さらに後ろによろめくとさらに追撃のビンタ……、気が付けばグラウンドの反対側の端までビンタされていて、そこで反対を向けといわれて、これで終わりかと思ったら、またビンタが始まり、しばらくビンタされると、やがて最初にビンタされた位置まで戻っていたとか。「グラウンドの端から端までビンタされながら行って帰ってくる、これが本当の『往復ビンタ』だよ」と昭和の体罰を懐かしそうに語る姿は、正真正銘の暴力監督でした。

この暴力監督は、休憩時間でもないのに、いつまでもトイレでYouTube動画を見ている職人を引きずり出しては退場処分にするなど、過激な逸話は数知れず、「キレたらヤバイ」と誰か

第4章

らも恐れられていました。

「どうしてそこまでするんですか？」と質問すると、マキャベリの君主論を都合よく切り取って、「加害は一撃で」とか「慕われるより恐れられる方がいい」とか、「ちょっと何言ってるか分からない」話を広げてくれました。そんな話を聞きながら、「ボクのお父さんは桃太郎というやつに殺されました」の広告と同じように、「立場が変われば正義も変わる」ものかな？　と考えていたことを思い出します。

しかし、この暴力監督の現場は、材料置場も、エレベーターも廊下もバルコニーも、監督が逐一指示しなくても整理・整頓・清掃が徹底されていて、猛烈に働く職人以外は入場できないような空気が創り出されていました。

「不適切にもほどがある」ような管理の方法でしたが、結果的には、精度の高い工事をせざるを得ないような現場環境が創造されていたのです。その影響もあったのでしょう。仕事の完成度は異様なほどに高かったことを覚えています。

3-❷-(3)　アイドル監督

私の師匠だった大手ゼネコンの現場監督は、大規模修繕工事の工事期間中に、マンションの居住者の間でファンクラブができるほどのイケメンで、居住者から写真をせがまれたり、画家の居住者の男性から「君のヌードを描かせてほしい！」とストーキングにあったりと、数々のモテ伝説を残してきました。もちろん、ストイックな先輩は、居住者からのリクエストにはツンを通していました。

そんな私の師匠は、モテ偏差値だけでなく、建築偏差値も高くて、一級建築士と一級建築施工管理技士の両方の資格を持っ

ていただけでなく、一歩踏み込んだディープな建築知識にも詳しく、さらに、人あたりもソフトでした。もし「監督甲子園」なるものが存在すれば、間違いなく日本一に輝いていたでしょう。

しかし、知識も経験も武勇伝も豊富な師匠にも、問題がありました。

事故が多かったのです。

鳶(とび)職人が足場から墜落して再起不能になったり、防水職人が屋上から墜落して死亡したり、とにかく師匠の現場には事故がつきものでした。

そして、事故の陰に隠れて、師匠の現場にはもう一つ大きな問題がありました。

工事の質が低かったのです。誰よりも工事に詳しいのに……。

理由は明白でした。なぜか師匠の現場には、「よくない職人」が集まっていたのです。

元自衛官や暴力監督の現場には、腕に自信のある職人しか集まらない傾向がありました。腕が良くて礼儀正しい「本物の職人」は、この2人に怒られることは皆無で、むしろ暴力監督らは、「本物の職人」に対しては、プロとしてリスペクトをもって接し、作業に集中できる環境を整えていたため、作業効率が上がり、職人の利益率も高かったのです。

これに対し、私の師匠の現場には、技術力がイマイチの職人や、マナーが悪い職人、行儀の悪い職人、よその現場を出禁になった職人など、多種多様な「よくない職人」が集まっていました。どんな職人も、師匠のような優しい人格者の現場監督の下で働きたいと思っていたようです。

ただ、現場に「よくない職人」が来たら大変です。作業を付きっきりで見ていなければいけませんし、細かい指示を出す必要

がありますし、親方と「職人交代」の話も詰めなければなりません。「よくない職人」が来たら現場の仕事量は4倍にも5倍にも膨らむのです。そうなると、工事現場の全体に目が行き届かなくなり、正直、品質管理どころではなくなります。きっと安全管理も十分にできなかったのでしょう。

結局、一部の「よくない職人」に振り回されて、師匠の現場では、全体的な工事の質が低下する傾向にありました。

column 大富豪と呼ばれた男

私の高校時代の後輩は大工で、そこに手伝いに来るおじさんは、「ワシは数億のカネを動かす男なんや!」が口癖で、いつも金持ちトークを炸裂させ、「大富豪」と呼ばれていました。

休憩時間に、その大富豪が携帯電話で「アレ3億でええわ、買っといてくれ」と話していると、話しているはずの大富豪の携帯電話から大きな着信音が鳴り響きました。

バレるのは一瞬です。

この大富豪は、ウォーレン・バフェットと一緒に仕事をしようと考えることはないと思いますが、千葉の夢の国なら、上から目線で「一緒に働いてやろう!」と言い出すかもしれません。「よくない職人」が、元自衛官や暴力監督と一緒に働こうとせず、私の師匠と一緒に働きたがるのは、これに似た現象のように思えるのです。

働き方改革は、建設現場に素行の悪い作業員を増やす結果を生んでいます。そんな時代だからこそ、現場監督のパーソナリティが注目されているように感じるのです。

column 現場監督の未来

　本節で登場した現場監督の中には、現代の感覚に馴染まない方もおられますが、監督のすべてが同じタイプではありません。誤解を生まないように、本節の最後にSDGs時代にマッチした「現場監督」に触れて締めたいと思います。

●ダイバーシティと現場監督

　私が経営していた会社には、「男として生きたい！」とホルモン治療を試したり、身体的な性別の特徴を手術をしたりして活躍する現場監督が数名在籍していました。もしかすると日本で一番多かったかもしれません。
「自分の身体を大規模修繕工事します！」が口癖で、流行りのドラマの影響で「チーム・メディカル・ドラゴン」と自称していました。

　建設現場は伝統的にマッチョを美徳とする傾向が強いといわれますが、チーム・ドラゴンが、その方向性を緩和し、より多くの作業員にとって働きやすい環境をマネージメントし、配布チラシのデザインや、清潔な職場環境の創設などの新しい顧客サービスを生み出した功績は大きいものです。

　また、近年では、手作業では難しいような狭い隙間に残っているサビを、レーザー光線で落とす技術が開発され、先鋭的な現場では導入されていますが、医療脱毛などでレーザーに慣れ親しんでいるチーム・ドラゴンのスタッフは、このような新技術を器用に使いこなしていました。
「多様性がイノベーションを創造する」という令和のトレンドのフライングゲットといえるでしょう。

第4章

●アントレプレナー／イントレプレナーと現場監督

　私の経営していた会社の<u>カンボジアでのビジネスモデル</u>**（スポーツイベントを安全に開催するために開発した社会課題解決商品〈井戸水に含まれる鉛を除去する商材〉を、スポーツイベントの成功をもってPRし、商品を販売しながら社会課題を解決するという方法）**が、「世界を変えるデザイン展」（主催；日本財団ほか）で注目されて以来、関西学院などの大学で、アントレプレナーシップをテーマに講義する機会が増えました。その頃を境に、私の会社には、独立開業を目指す若者が多く集まってきたように思います。

　考えてみると、現場監督という職業は、受発注、マネジメント、顧客サービスなどを一手に担うことから、起業志向の強い若者にとっては、自分磨きの格好の舞台になるのでしょう。巣立っていった教え子の多くは同業の建設業界で独立しましたが、なかには畑違いの世界で起業した教え子もいます。

　元々事務職として入社したその女性スタッフは、社内ベンチャーでNPOを立ち上げました。カンボジアでトライアスロン大会を開催した際に開発した水の浄化剤を応用して、放射性物質を除去する装置（減容化技術）を金沢大学大学院の研究室で開発し、それを3tトラックに一体化させ、小型の移動式除染設備として、中国（湖北省）の企業へ販売する事業を成功させたのです。収益は、災害で身内を失った子どもの心のケアセンターを南太平洋の島国に建設するための費用に充て、ソーシャルベンチャーの先駆けといわれました。

　大規模修繕工事の現場監督としての経験が、海外で社会的にも意義のある事業の立ち上げに繋がることは、夢のある話だと感じています。

column

まとめ　環境創造力と水の器の法則

「水は方円の器に従う」（水は容器の形によって、四角にも丸にもなる）という仏教の詩句があります。

「器」（現場の環境）によって、作業員の心構えも、作業の質も、良くなったり悪くなったりしますから、現場監督にとって「器」、すなわち「現場環境」を創ることは最も重要な仕事の一つなのです。

ただ、「器」の創り方に正解はありません。本節では３人の現場監督が創った「器」についてお話ししましたが、現場監督によって目指している「器」は違うのです。

だからこそ、高い技術力の会社による工事を希望される場合は、ヒアリングにおいて、「高品質の工事を実現するための環境づくり（器づくり）」について、こだわりが分かるエピソードを披露してもらってはいかがでしょうか。

現場監督のこだわりが、仕上がりを大きく左右します

第4章

3-❸ 対応力——イレギュラーに対応する能力

チェロ奏者としてブラジル公演に参加していたトスカニーニは、指揮者が降板するというイレギュラーな事態が発生する中、指揮台に上がって『アイーダ』のタクトを振り、その後60年以上にわたって人気指揮者として活躍した逸話は擦(こす)り倒されたエピソードですが、そこまで劇的ではないとしても、大規模修繕工事の現場では、イレギュラーな事態が発生することがあります。

ここでは個性的な監督を例に出して、イレギュラーな事態が発生した場合の現場監督の**「対応力」**について考えてみたいと思います。

3-❸-(1) バーキン監督

私の教え子の中には、「バーキン監督」の異名をもつ女性の現場監督がいます。好きな言葉は「質流れ品」だそうです。

ある日、そんなバーキン監督から電話で相談があり、「ペンキ屋が高いし、仕事も遅いし、困っています。このままでは梅雨がやってきます。社長、一緒に塗ってくれませんか？」とのこと。

大規模修繕工事の業界では、工事が集中するタイミングがあります。材料の品質保証上、5℃を下回る真冬は避けるべきですし、屋外作業が中心ですので、梅雨の季節は工事をしない傾向があります。最近は酷暑の影響で、真夏も避けられるようになりました。そのため、消去法で、春と秋は工事が集中し、職人が足りなくなるのです。

バーキン監督が担当していた100世帯が住むマンションも、職人が足りないタイミングと重なり、困っていたようですが、

対応力抜群の「バーキン監督」
(註) 安全に配慮をしたうえで、撮影のためにヘルメットと安全帯は外しています

紆余曲折を経て、その建物の塗装工事は、女性スタッフ2名と私とバーキン監督の計4名で行い、6週間で終わらせたことを覚えています。最初に予定していたペンキ職人は、6名体制で8週間掛かるといっていましたので、掛かった人数は半分です。もちろん、梅雨の前に終わりましたし、顧客満足度も高かったようです。

なぜこんなことが可能だったかといいますと、私が経営していた会社では、元々職人を育成して自社で施工するという特徴があったからです。

第4章

　自社で職人を抱えようと思ったキッカケは、職人不足の季節でも信頼できる職人を確保したかったからですが、定時制高校の母子家庭の学生を中心に、多くの職人が巣立ったことは今も誇りに思っています。

　そんな経験も後押しして、私の教え子たちは、よくない職人が現場に来ると、「自ら作業を行うことで問題を解決することも止むを得ない」と腹をくくっているように感じます。

　自分で施工できる技術力を持つことで、職人に媚びることなく、ダメなものはダメと厳しい姿勢で向き合うことができますので、切り札としては大きな強みでしょう。もちろん毎回発動するものでもありませんが……。

　職人の数が圧倒的に不足している現在、腕の良い職人が見つからないときの「対応力」は現場監督の優秀さを測る有効な物差しといえるのです。

column 協力会社システムの崩壊

　職人の当たり外れによって工事の質が左右されることは許されるものではありません。そのため建設業界では昔から「協力会社」を登録するシステムをつくり、安定して高品質の工事を実現できる体制を整えてきました。

　数年前まではこのシステムが機能していましたが、現在は作業員の高齢化と引退によって、協力会社の中で技術が継承されなくなった結果、システムが崩壊しつつあります。

　そのような時代背景に鑑みると、「職人も兼務できる監督」は時代が求めている現場監督の新しい姿なのかもしれません。

3-❸-(2) 「知らないのか、知らないことを知らないのか」
「できないのか、やらないのか」

　最近でこそスーパーゼネコンによる大規模修繕工事は見かけなくなりましたが、以前はスーパーゼネコンでも稀に大規模修繕工事を施工することがありました。

　私の親戚が住んでいたマンションは正にそれで、居住者はみんなスーパーゼネコンが手掛ける大規模修繕工事に誇りを感じていたようでしたが、シーリング工事の職人が、プライマー（塗料の一種）で玄関扉を汚してしまう失態があり、それを境に空気が変わったようです。

　経年劣化した玄関扉の表面のシートはシンナー類で拭くと模様や柄が消えるため、クリーニングはできません。シートも廃番になっており、貼り替えるとその部屋の玄関だけ違う模様になり、マンションの統一感がなくなります。かといって1軒のためにすべての玄関扉をリフォームするわけにもいきません。

　そんな中、スーパーゼネコンの現場監督が満足のいく回答をしてくれないと、居住者である私の親戚から連絡がありました。

　私の修業先は老舗の塗装工事店でしたから、模様のついたシートを同じような雰囲気で塗装する技術を持った職人が数名いましたので、「なんとかなると思う」と話すと、スーパーゼネコンの現場監督から「私たちにできないことを業歴の浅い会社にできるわけがない」と猛反対されたのです。

　しかし、設計監理に入っていた一級建築士事務所が私のことを知っていて、「阿部さんが言うなら大丈夫なんじゃないですか」と、お墨付きをくれたため、私の会社で玄関扉の補修工事を実施することになったのです。

第4章

　もちろん、管理組合の誰もが満足する中で、工事は無事に終了しました。
　スーパーゼネコンの現場監督でも、知らない技術は存在するのです。

　ところで、「『知らない』のか『知らないことを知らない』のか」と似たものに、「『できない』のか『やらない』のか」というテーマがあります。
　私の高校時代の友人が住んでいたマンションは、大規模修繕工事の業界四天王の一つが工事を受注していましたが、隣接している隣家の住民と昔からのトラブルを抱えており、隣家の住民から「ウチの敷地に足場を建てることは許さない」と釘を刺されていたため、正面の一部だけ工事ができないという問題がありました。
　友人から、「元請けの現場監督は『できない』というのだが、正面が未施工な今の状態は、資産価値を下げている。何とかならないか」と相談があったのです。
　詳しい経緯は省略しますが、結論としては、私が経営していた会社がその部分に足場を設置して施工し、問題は解決しました。もちろん隣家の敷地に足場を立てることもありませんでした。

まとめ 「不知の知」

　ここで登場した2人の現場監督は、シール職人が玄関扉を汚したケースでも、近隣トラブルのケースでも、マンション管理組合の怒りの嵐がおさまるまで批判に耐えて、諦めてもらおうと考えていたフシが見られます。

　しかし、「諦めたらそこで試合終了」のアニメの名言のように、現場監督が諦めたら、「できる」ものも「できない」に変わってしまうのです。

　どの業界でもある話ですが、「できない」「知らない」「やらない」の線引きは難しく、後二者であれば、現場監督の能力で解決することができるのです。

　しかし一方で、近年、大手企業を中心に社内の安全基準が厳しくなりすぎて、本当は「できる」にもかかわらず「できない」と判断されてしまう工事が、特に「足場」関係を中心に増えているように感じます。

　一昔前であれば、社内の関係部署を説得して回るような情熱的な現場監督やその上司がいましたが、現在の建設業界は保守的な傾向が強く、また個々の現場監督も「受け身」で仕事をする人が増えている印象がありますから、「できない」（本当は「やらない」）を「できる」に覆すことは今後ますます難しくなるように思われます。

　そのような時代背景に照らすと、「イレギュラーな事態」が発生した場合に、それに対応する現場監督の能力は、今後ますます重要になってくると思われるのです。

第5章

大規模修繕工事の成功を邪魔する3人のラスボス

第5章

INTRODUCTION

　ここまで、大規模修繕工事の工事価格を削減する法則や、工事会社の技術力を見抜く法則について、お話ししてきました。

　しかし、たとえマンション管理組合・理事会・修繕委員会の一部の方がどれだけ頑張ったとしても、マンション管理組合の過半数の賛成が得られなければ、何も変えることはできません。「工事価格を削減する方法」が明確で、「工事会社の技術力」を正確に見抜くことができたとしても、「残念な工事会社」(工事価格が高く、技術力もそれほど高くない会社) が、あなたのマンションの大規模修繕工事を実施するという「バッドエンド」になることもあるのです。

　「残念な工事会社」に決定するという「バッドエンド」の最大の要因は、あなたのマンションにいる3人のラスボス(物語の最終局面で待ち受けているボスキャラ)にあります。

　本章では、そのような3人のラスボスについて深掘りしたいと思います。

1　お代官様と越後屋さん

　日本の産業全体に占める建設業者の割合は7％程度といわれていますから、マンションの区分所有者の中に、建設関係者がいることは珍しくありません。ただ、建設業の中でも大規模修繕工事という業界は極めてニッチな市場であるため、ピンポイントの専門家となると限られています。木造の戸建て住宅の建築士も、電気工事の設計士も建設業界の人ですが、明らかに畑が違うのです。また大規模修繕工事に関係していても、経理や人事、営業の方にとっては、工事は遠い存在であることが多いでしょう。

　ところが、ピンポイントの専門家ではなくても、建設業に携わっているというだけで、「あの人は専門家だ、先生だ」などとマンション管理組合・理事会・修繕委員会から信頼されることもあります。なかには建設業に携わっていないのに専門家だと一目置かれている方もいるようです。

　以前、大手管理会社のOBの方が、「相談役」という謎の役職に就いていたマンションがありました。修繕委員の方から「マンションが食い物にされそうです、助けてほしい」と悲痛な依頼があり、京都御所の近くにあるマンションを訪れると、「相談役」が待ち構えていて、「勝手に敷地内に入るな、見積書は明日までに出せ」と無茶な要求をするのです。もちろん、期限内に見積書を提出し、金額も「相談役」が推している会社と比べると約3000万円安い価格でしたが、相談役を信頼していた理事長が過半数の委任状を持っていた関係で、相談役が推薦する会社が、工事を受注しました。

　前章までで、マンションの修繕積立金を懐に入れようとする

第5章

　管理会社やコンサルタントの話をしてきましたが、大規模修繕工事の業界にいると、マンションの区分所有者の中にも、修繕積立金で私腹を肥やそうとする方がいるようで毎年数名お会いすることがあります。

　意中の工事会社が工事を受注できるように権謀術数をめぐらすだけでなく、「質問」のように見せかけて、気に入らない工事会社のアラを探し、見つけるや否や強烈なネガティブキャンペーンを張るなどして、自分にキックバックしてくれる工事会社へとマンション全体を誘導していくのです。まさに
「越後屋、お主も悪よのう」
「いえいえお代官様ほどではございません」
のマンション版です。

　余談ですが、区分所有者の中にキックバックを要求する人がいるマンションは、大規模修繕工事の品質が低下する傾向があるように感じます。

　工事会社も区分所有者全員のために工事をしたいと考えているのであり、一部の区分所有者の懐を肥やすためには働きたくないと思うのでしょう。

　マンションの未来を真剣に考える理事や修繕委員の方にとって、最後の最後に身内から「金の亡者」が出てくると、「ブルータス、お前もか！」の心境になるようですが、意中の工事会社が受注すれば数百万円のキックバックが貰えるという「お金のパワー」は、良識人を「金の亡者」に変貌させるのでしょう。

　工事金額の高い会社を不自然な理由で熱心に推薦する方がマンション内にいる場合には、注意が必要なのかもしれません。

2　ブランド志向の信者さん

　私が社会人になって初めて購入したマンションは、財閥系の管理会社を信奉する区分所有者が過半数を占めていて、管理費は周辺の同クラスのマンションの3倍以上でしたが、それでも管理費の「値上げ」が止まりませんでした。

　そんなマンションで大規模修繕工事が計画され、相見積もりが行われましたが、もちろん出来レースです。マンション内の多数意見は、「財閥様の仕事には間違いがない」というもので、結局、他の相見積もりの工事会社と比べると2倍近い最高値であったにもかかわらず、財閥系の管理会社が工事を受注することになったのです。

　私も個人的に、天下の財閥様は、どんな工事をするのか、興味津々でしたが、実際に工事にやってきたのは、私の現場を退場処分となり、出入り禁止になった技術力の低い職人でした。

　たとえ元請けが変わっても、間に入って搾取する会社が増えるだけで、職人そのものが変わるわけではないのです。もちろん職人の質が上がるわけでもありません。

　私が住んでいたマンションのように、管理会社やマンションのブランドを神格化し、崇め奉る風潮は、都市部を中心に日本各地で見られます。中には「教祖様」のレベルを超えて、カルト教団のような狂信性を感じるマンションもあるほどです。

　以前、神奈川県のマンションの修繕委員の方から、
「自分が住んでいるマンションの高齢の理事のメンバーが、猛獣系の管理会社に洗脳されているようです。このままではマンションが猛獣の餌になってしまいます。人助けだと思って、猛獣様でも止められない雨漏りがあることを話してください」

と頼まれて、止水実績を話したことがありました。

すると、猛獣様に心酔している理事の方から、お前の会社よりも『猛獣様』の方が遥かに大きいんだ！」と怒りのご意見をぶつけられ、取り付く島もなく追い返されました。

管理会社やマンションのブランドを愛するあまり、ブランド志向がカルトなレベルにまで沸騰している区分所有者は、日本各地に一定数存在しているようです。

このような方々にとっては、「工事金額が高いかどうか」や、「このままでは修繕積立金会計が赤字になる」といった意見は傾聴に値しないように感じます。

もし、ブランド志向の方が過半数を超えていない場合には、一度立ち止まってマンションの将来的な方向性や資金計画について考えてみても良いのかもしれません。

column 管理会社に理事会業務を依頼することは正解か？

近年、「第三者管理方式」と呼ばれる、理事会の業務を管理会社に委託する方式を採用するマンションが増えてきました。

元々投資を目的とするマンションでは、区分所有者は遠方に住んでいることが多いため、マンションの状況を把握していない上に、理事会に出席するためにマンションまで出向く時間とお金がもったいないという考えがありましたが、最近では「理事は罰ゲームだ！　業務量と責任が大きすぎる！」という声が強くなり、理事会業務を管理会社に任せることができる「第三者管理方式」は「渡りに船」だったのです。

もし、理事会業務を管理会社にすべて委託することができれば、輪番制で理事が回ってきても、理事会に出席する必要がな

くなりますし、仮に大規模修繕工事で不具合が発生したとしても、すべて管理会社に責任を転嫁できますから、安心だと感じるのでしょう。

しかし、「区分所有者ではない管理会社が、区分所有者の財布を握り、お金を使うことができる」という状況は恐ろしく感じます。よほど強い倫理感で自制された管理会社でなければ、理事会が乗っ取られ、食い物にされる可能性があるのです。

実際、数億円単位で管理組合のお金を使い込んだ管理会社を相手に、管理組合が裁判で争っているマンションもあります。また、管理会社が理事会の名前で系列の工事会社に割高な金額で工事を発注し、グループ会社の業績アップに繋げているケースもあるのです。管理会社の薄給を嘆く担当者の中には、キックバックを給料の足しにして「タンス預金が2000万円を超えた！」と喜ぶ人もいるようです。

近年、「第三者管理方式」によって管理会社がマンションを食い物にするケースが増えつつあり、国交省も警鐘を鳴らすほどの社会問題となっています。

第三者管理方式で、管理組合の会計が豊かになることはありません。

「工事価格の上昇によって修繕積立金が足りない」といわれている現在、不適切に高い金額で工事を頼めば、さらに管理組合の会計が厳しくなることは火を見るより明らかです。

管理会社にすべてを委ねるのではなく、適度な距離を保つことも、修繕積立金を値上げしないためには重要でしょう。

「信頼はいつも専制の親である」というジェファーソン（米国第3代大統領）の言葉は現代社会でも教訓といえるのです。

column

3 二番目の悪者

『二番目の悪者』という物語があります。豊かな国の玉座を渇望する強欲な「金のライオン」が、人格者の「銀のライオン」に関する虚偽の噂を流し、それに惑わされた民衆が、金のライオンに投票した結果、貧しい国へと朽ち果てるという悲劇で、一番目に悪いのは破滅をもたらした金のライオンとして、二番目に悪いのは誰？　というお話です。

大規模修繕工事では、区分所有者の過半数の賛成を得るかどうかが大切で、たとえマンションに有益なものでも、過半数が賛成しなければ否決され、逆にマンションに不利益をもたらすものでも、過半数が賛成すれば承認されるのです。

ただ、マンションは小さな共同社会であるがゆえに、良好な近隣関係を維持するために「沈黙を美徳」と考える方が多いという特色がありますので、「この議案はおかしいなー」と感じても、表立って反対意見を述べて波風を立てたくない、と考える人が圧倒的に多いことも事実のようです。そのため、私腹を肥やそうと画策する区分所有者は後を絶ちません。

しかし、沈黙からは何も生まれません。

昨今の大規模修繕工事の価格上昇の現実に鑑みますと、「沈黙」を貫いた先に待ち受けているのは、「修繕積立金の値上げ」や「マンションの資産価値の低下」といった不利益ばかりです。

声を上げて不利益を回避できるのは区分所有者だけです。近年は総会で「Web投票」を導入するマンションも増えており、波風を立てずに良識ある判断を表明する方法はいくらでもあります。暮らしを守るために、安全にできることから始めてはいかがでしょうか。

第5章 まとめ

　マンションの中には、大規模修繕工事で一儲けしようとする区分所有者がいることがあります(**お代官様と越後屋さん**)。

　また、自分の趣味嗜好を通そうとしたり、管理会社にいい格好をしたかったりという雑念に支配されて、冷静な判断ができなくなっている区分所有者がいることもあります(**ブランド志向の信者さん**)。

　しかし、私腹を肥やそうとする人も、冷静な判断ができなくなっている人も、マンションの管理組合の中では少数派であることが多く、ほとんどの区分所有者は、マンションの未来を見据えて、将来的に最もプラスになる選択をしようと考えています。修繕積立金は、長い間貯めてきた、みなさんの大切な資産だからです。

　ところが、声の大きな人の意見に押されて、大多数の人が沈黙するマンションもあります。その場合、たとえマンションの将来にとって不適切な判断だったとしても、「声の大きな人」の意見が通ることもあるようです(**二番目の悪者**)。

　工事会社の決定は、「区分所有者の多数決」によって決まります。大規模修繕工事の工事価格が高騰し、修繕積立金の値上げや資産価値の減少といった生活への悪影響が始まっている今こそ、より多くの区分所有者が、良識ある意見を表明することが重要ではないでしょうか。

おわりに　　安さは正義か？

　私が修業していた会社の社長の口癖は、
「阿部くん、値打ちこいたらアカンよ。お客さんは安いんが一番喜びはるんやで」でした。
　その言葉通り、私の修業時代の会社は、どこへ行っても「安いよねー」と感心されるほど、低価格をセールスポイントとしていました。
　もちろん、それ以上に安い価格の会社が現れることもありましたが、そのたびに、「その値段でできる会社があるんやったら、ワシらもできるはずや」といって、最安値のさらに向こう側を目指そうとするのが、修業先の経営姿勢でした。
　令和になって、このような考え方それ自体が経済を停滞させている、という論調が目立つようになり、今や建設業界で「低価格路線」を採用する会社は少なくなっているように感じます。「コストリーダーシップ戦略」など、どこ吹く風です。
　しかし、私はいまだに「安さは正義！」という考え方が好きです。
　価格を下げようと創意工夫する中で、品質を置き去りにしてはいけないという執念とプライドが作用して、品質面も重視されることを知っているからです。そして、何よりも「安くて良い仕事をしている」という満足感は心地良いものです。

また、ムダを削ぎ落とした工事はスピーディに進みますから、工期短縮にも直結します。早く工事が終了したタイミングで、「あっという間に綺麗になりましたね！」と、居住者のみなさまに喜んでいただくことは、すべての作業員にとって誇りなのです。

　そんな私から見ると、物価高騰や働き方改革といった環境の変化を口実に、「工事価格が上がることは仕方がない」、「職人が減っているから、合格点ではなく及第点を目指すべきだ」といった声が昨今の建設業界から聞こえてくると、悲しい気持ちになります。

　また、色彩計画や「魂の宿る端部の納まり」など、デザイン力が求められる分野を苦手とする現場監督が増えていることも気になります。

　本来、「価格」・「品質」・「デザイン」は並び立つものなのです。

　本書では、大規模修繕工事を安く成功させるための法則を本音で書かせていただきました。中には引退したからこそ発言できたものも多くあります。

　本書が、マンションの修繕積立金会計の将来について熟考されているみなさま、および大規模修繕工事を成功させたいと願うみなさまにとって、少しでもお役に立つことができれば幸いです。

もし、「低価格・高品質・デザイン」の3点で充実した会社や「イノベーター」のポジションの会社にお知り合いがいない場合は、私の教え子の会社（株式会社ぷらす・あるふぁ一級建築士事務所）にお声掛けください。「本書を読んだ」と仰っていただければ、ご購読のお礼を兼ねて私も現場調査に伺わせていただきます。

2024年秋　山粧う出羽の麓にて
阿部吉雄

株式会社ぷらす・あるふぁ一級建築士事務所
ホームページ：https://www.kouji-plus.com
メール：mail@kouji-plus.com

阿部吉雄 （あべ・よしお）

1970年神戸生まれ。
学生時代、アジア・アフリカで学校建設などに携わる。帰国後、大阪の老舗塗装店に入社。ペンキ職人から現場監督を経て大規模修繕工事を専門とする会社を起業。「伝統的な技術を継承し、管理技術を進化させる」という理念のもと、職人を育成し、人工知能技術を駆使して「高品質・低価格・短工期」の工事を実現している。ラジオ番組『阿部吉雄のさわやかリフォーム』などメディア出演多数。2021年に教え子に会社を譲り勇退。

大規模修繕工事を安く成功させる3つの法則
――修繕積立金を値上げしないノウハウと知恵――

2024年11月18日　第1刷発行

著　者	阿部吉雄
発行者	堺 公江
発行所	株式会社 講談社エディトリアル

〒112-0013 東京都文京区音羽1-17-18 護国寺SIAビル6階
電話（代表）03-5319-2171
　　（販売）03-6902-1022

装　幀　中川 純（ohmae-d）

印刷・製本　株式会社 東京印書館

KODANSHA EDITORIAL

Ⓒ Yoshio Abe 2024, Printed in Japan

定価はカバーに表示してあります。
落丁本・乱丁本は、ご購入書店名を明記のうえ、講談社エディトリアル宛にお送りください。送料小社負担にてお取り替えいたします。
本書のコピー、スキャン、デジタル化等の無断複製は著作権法上での例外を除き、禁じられています。
本書を代行業者等の第三者に依頼してスキャンやデジタル化することは、たとえ個人や家庭内の利用でも著作権法違反です。

ISBN978-4-86677-156-4